农业建设项目经济评价方法

中华人民共和国住房和城乡建设部
中 华 人 民 共 和 国 农 业 部 发布

中 国 计 划 出 版 社

2010 北 京

图书在版编目（CIP）数据

农业建设项目经济评价方法／住房和城乡建设部标准定额研究所，农业部工程建设服务中心主编．—北京：中国计划出版社，2010.4

ISBN 978-7-80242-495-1

Ⅰ．①农… Ⅱ．①住…②农 Ⅲ．①农业—基本建设项目—经济评价—中国 Ⅳ．①F323

中国版本图书馆 CIP 数据核字（2010）第 042031 号

农业建设项目经济评价方法

中华人民共和国住房和城乡建设部
中 华 人 民 共 和 国 农 业 部 发布

☆

中国计划出版社出版

（地址：北京市西城区木樨地北里甲 11 号国宏大厦 C 座 4 层）

（邮政编码：100038 电话：63906433 63906381）

新华书店北京发行所发行

世界知识印刷厂印刷

787×1092 毫米 1/16 8.25 印张 192 千字

2010 年 4 月第 1 版 2010 年 4 月第 1 次印刷

印数 1—4000 册

☆

ISBN 978-7-80242-495-1

定价：52.00 元

住房和城乡建设部、农业部关于批准发布《农业建设项目经济评价方法》的通知

建标〔2010〕19号

国务院有关部门，各省、自治区、直辖市、计划单列市农业厅、住房和城乡建设厅（委、局），新疆生产建设兵团农业局、建设局：

现批准《农业建设项目经济评价方法》，自2010年5月1日起施行。

在农业建设项目经济评价工作中，应按照《关于建设项目经济评价工作的若干规定》和本建设项目经济评价方法执行，不断提高投资决策的科学化水平。

本建设项目经济评价方法的管理由住房和城乡建设部、农业部负责，具体的解释工作由农业部工程建设服务中心负责。

中华人民共和国住房和城乡建设部
中华人民共和国农业部

二〇一〇年二月八日

编 制 说 明

《农业建设项目经济评价方法》（以下简称《农业项目评价方法》）是根据原建设部下达的任务，由住房和城乡建设部标准定额研究所与农业部工程建设服务中心组织中国农业科学院、中国农业大学、农业部规划设计研究院等单位和专家共同编制完成的。

在编制过程中，编制组开展了广泛深入的调查研究，收集了大量资料，在认真总结农业建设项目经济评价经验教训、开展专题研究的基础上，结合行业特点，以《建设项目经济评价方法与参数》（第三版）为依据，确定了《农业项目评价方法》的内容。征求意见稿完成后，广泛征求有关部门、单位及专家的意见，多次召开座谈会讨论，最后召开审查、复审会，会同有关部门审查定稿。

《农业项目评价方法》分别对投资估算、资金来源与融资方案、财务成本费用与财务效益估算、财务分析、经济费用效益分析、费用效果分析与影响效果分析、不确定性分析与风险分析、方案经济比选等内容进行了具体规定。

在《农业项目评价方法》的使用过程中，请各有关部门和单位注意总结经验，积累资料。如发现需要修改和补充之处，请将意见告农业部工程建设服务中心（地址：北京市学院南路59号，邮编：100081），以便今后修订时参考。

二〇一〇年二月

目 录

农业建设项目经济评价方法

1 总 则

1.1 为适应社会主义市场经济和农业、农村经济发展以及农业建设的需要，规范农业建设项目经济评价工作，保证经济评价的质量，提高农业建设项目决策的科学化水平，引导和促进农业领域各类资源的合理有效配置，充分发挥投资效益，依据《建设项目经济评价方法与参数》（第三版），制定农业建设项目经济评价方法。

1.2 本方法适用于各类农业建设项目规划、机会研究、项目建议书、可行性研究等前期研究工作，项目评估、中间评价和后评价可参照使用。

1.3 农业建设项目可从不同的角度进行分类。按项目的目标，可分为经营性项目和非经营性项目；按项目与企业原有资产的关系，可分为新建项目、改建项目和扩建项目；按项目所属子行业，可分为种植业项目、养殖业项目、渔业项目、农产品加工项目、综合性开发项目等。

1.4 农业建设项目的经济评价包括财务分析和经济分析。农业建设项目财务分析和经济分析所采用的具体分析方法，应视项目的特征、项目投资规模的大小等因素而定。

1.5 农业建设项目具有受自然因素的影响较大、往往包含有生物资产的投资、项目种类繁多、涉及众多的利益主体、参与农户较多等特点，应根据农业建设项目自身特点进行项目经济评价。

1.6 农业建设项目的经济评价应保证客观性、科学性、公正性，通过“有无对比”法，坚持定量分析与定性分析相结合、以定量分析为主，动态分析（折现分析）与静态分析（非折现分析）相结合、以动态分析为主的原则。

1.7 农业建设项目经济评价的深度，应根据项目前期工作不同阶段的要求确定。建设项目可行性研究阶段的经济评价，应进行多方案经济比选；项目建议书阶段的经济评价可适当简化。对于投资规模较小、建设内容简单的农业建设项目，经济评价可适当简化。

1.8 农业建设项目经济评价的计算期，包括建设期和运营期。建设期应参照项目建设的合理工期或项目的建设进度计划合理确定；运营期应根据项目特点，参照项目的合理经济寿命确定。种植业和养殖业项目建设期和运营期的计算应充分考虑动植物的经济生产周期。

1.9 计算现金流的时间单位，一般采用年。项目的折现分析，一般采用年末法，即假定每年的投入和产出均发生在当年年末；计算现值的时点为项目第一年年初。

1.10 财务分析应采用以市场价格体系为基础的预测价格。

农业建设项目的投入物和产出物的市场价格波动较大，在进行财务分析时，应遵循谨慎性原则，选用正常年份产品大量上市时的价格作为财务价格，避免高估项目效益；对于季节性波动的价格，应选择项目产品的平均市场价格作为财务价格的确定依据。

在建设期内，一般应考虑投入物的相对价格变动及价格总水平变动。

在运营期内，若能合理判断未来市场价格变动趋势，投入物和产出物可采用相对变动价格；若难以确定投入物与产出物的价格变动，一般可采用项目运营期初的价格；有要求时，也可考虑价格总水平的变动。

经济分析应采用以影子价格体系为基础的预测价格，不考虑价格总水平变动因素。

2 投资估算

2.1 农业建设项目总投资包括建设投资、建设期利息和流动资金。

按照费用归集形式，建设投资可按概算法或形成资产法分类。

2.2 按照概算法进行分类，建设投资主要由工程费用、生产性生物资产与公益性生物资产费用、工程建设其他费用和预备费组成。

1. 工程费用。工程费用是由项目所辖各单项工程的费用汇总而成，主要包括建（构）筑工程费、田间工程费、农机具及仪器设备购置费、安装工程费等。

(1) 建（构）筑工程费是指农业建设项目中，各类用于农业生产、服务的房屋建筑、温室网室建筑、渔港（含码头、防波堤）、废弃物处理设施（含沼气工程）等主体工程及附属的供水、供热、通风空调、电气等设备、管线工程费，以及为主体工程配套的各类附属、场区工程的工程费用。

(2) 田间工程费是指农用地上修建的农业生产、服务性工程投资。主要包括土地整治、水源、灌溉、排水、道路（桥涵闸）、晒场、防护林网、田间供电、围栏、鱼池等工程费用。

(3) 农机具及仪器设备购置费是指用于购买农机具及仪器设备的费用，也包括用于购买为农业生产服务的各种车辆等方面的费用。

(4) 安装工程费是农业建设项目中用于专业安装施工单位安装并与农业建筑工程、农业田间工程配套的农业生产、加工、科研、试验、实验的成套设备、管线、装置等安装工程的工程费用。

2. 生产性生物资产与公益性生物资产费用。生产性生物资产是指为生产农产品等目的而持有的生物资产，如经济林、产畜、役畜和种鱼等。公益性生物资产是指以防护、环境保护为主要目的的生物资产，如农田防风林等。生物资产费用应当按照成本进行初始计量。

3. 工程建设其他费用。工程建设其他费用是指工程从项目筹建到项目竣工交付使用期间发生的，按照有关规定可以在建设投资中列支的费用。工程建设其他费可分为三类：第一类是资源使用费用，包括一次性支付的土地征用及迁移补偿费、土地使用权出让金以及品种使用费用；第二类是与工程建设有关的其他费用，包括建设单位管理费、建设项目前期工作咨询费（含建设项目环境影响咨询收费）、勘察费、工程设计费、研究试验费、场地准备及临时设施费、工程监理费、施工图审查费、招标代理服务费、招标管理费、基础设施配套费；第三类是与项目未来生产经营有关的其他费用，包括联合试运转费、生产准备费、办公和生活家具购置费等。

4. 预备费。预备费包括基本预备费和涨价预备费。基本预备费是指准备用于在建设项目前期工作阶段难以预料，在后续建设阶段又可能发生的工程建设费和工程建设其他费；涨价预备费是指建设项目在建设期间内为了防止由于人工、设备、材料、机械价格及费率、利率、汇率等变化引起工程造价超过投资估算总额而预留的费用。

2.3 按照形成资产法，应将建设投资中的各分项分别按形成固定资产原值、无形资产原值和其他资产原值进行分类。

2.4 建设期利息。建设期利息是指农业建设项目通过筹措债务资金方式融资，在建设期内发生且在项目建成后允许计入固定资产原值的债务资金利息。建设期利息包括建设期内发生的银行借款和其他债务资金的利息以及其他融资费用。其他融资费用是指某些债务融资中发生的手续费、承诺费、管理费、信贷保险费等融资费用，一般情况下应将其单独计算并计入建设期利息。

2.5 流动资金。流动资金是指项目投产后，为进行正常生产运营，用于外购生产资料和原材料、外购燃料和动力、支付修理费、支付职工薪酬及其他经营费用等所必不可少的周转资金，不包括运营中需要的临时性营运资金。

2.6 建设投资可采用指标估算法、比例估算法、系数估算法、生产能力指标估算法等方法进行估算，农业建设项目一般采用指标估算法。

2.7 建设期利息估算。建设期利息应在完成的建设投资估算和分年投资计划基础上，根据筹资方式、金额及筹资费率等进行计算。建设期利息采用当年借款计半年息，年初累计借款计全年息的方法计算。

2.8 流动资金估算。流动资金的估算可选用分项详细估算法或扩大指标法。农产品加工业项目的流动资金估算一般采用分项详细估算法，种植业和养殖业项目可采用扩大指标估算法。

分项详细估算法对构成流动资金的各项流动资产和流动负债逐项并分年进行估算，流动资金等于项目投产运营后所需全部流动资产扣除流动负债后的余额。流动资产主要考虑应收账款和预付账款、现金和存货；流动负债主要考虑应付账款和预收账款。

采用扩大指标估算法应按照以下方法来估算流动资金：

$$流动资金额 = 经营成本 \times 经营成本资金率$$

经营成本资金率根据农业生产的性质和生产周期的长短确定。

2.9 进行项目投资估算时，应编制以下报表：

1. 农业建设项目总投资估算表（表1A、表1B）；
2. 建筑工程费估算表（表1-1）；
3. 田间工程费估算表（表1-2）；
4. 农机具及仪器设备购置费估算表（表1-3）；
5. 安装工程费估算表（表1-4）；
6. 生产性和公益性生物资产费估算表（表1-5）；
7. 工程建设其他费估算表（表1-6）；
8. 建设期利息估算表（表2）；
9. 流动资金估算表（表3A、表3B）；
10. 分年度投资计划表（表4）。

3 资金来源与融资方案

3.1 在投资估算的基础上，资金来源与融资方案应分析项目建设投资和流动资金的来源渠道及筹措方式，并在确定融资主体的基础上，初步设定融资方案。通过对初步融资方案的资金结构、融资成本和融资风险的分析，结合融资后的财务分析，确定融资方案。

3.2 融资主体分析。经营性农业建设项目的融资主体一般以企业或农户为主，政府为辅；非经营性农业建设项目的融资主体一般以政府为主，企业或农户为辅。

3.3 农业建设项目农户筹资来源主要包括农户自筹投入的资金（包含自有资金和借贷资金）和农户投工投劳的筹资折算。可针对项目工程不同的受益对象，遵循谁受益、谁负担的原则，把直接受益的农户作为筹资和投工投劳的对象。不同地区的农村经济发展水平和农民收入水平不同，农民筹资和投工投劳的能力也大不相同，对项目中农户筹资和投工投劳的比例应区别对待。

3.4 农业建设项目企业融资主要包括既有法人融资方式和新设法人融资方式，前者包括农业建设项目所需要资金来源于既有法人内部融资、新增资本金和新增债务资金，后者包括农业建设项目所需要资金来源于项目企业股东投入的资本金和项目企业承担的债务资金。

3.5 农业建设项目中企业筹集的资本金的来源渠道和筹措方式，应区分既有法人融资项目和新设法人融资项目两种情况，前者的新增资本金可通过原有股东增资扩股、吸收新股东投资、发行股票、政府投资等渠道和方式筹措；后者的资本金可通过股东直接投资、发行股票、政府投资等渠道和方式筹措。

3.6 农业建设项目投资中企业筹集的债务资金主要有商业银行贷款、政策性银行贷款、外国政府贷款、国际金融组织贷款、企业债券和融资租赁等融入的资金。

3.7 在初步明确项目投资中企业作为融资主体和资金来源的基础上，应对融资方案资金来源的可靠性、资金结构的合理性、融资成本的高低和融资风险的大小进行综合分析，结合融资后的财务分析，确定最终的融资方案。

3.8 企业作为项目融资主体进行融资时，需进行资金成本分析。资金成本分析是通过计算权益资金成本、债务资金成本以及加权平均成本，分析项目筹集和使用不同资金实际支付的费用（包括资金占用费和资金筹集费）及其合理性，为优化融资方案提供依据。具体计算和分析应符合下列要求：

1. 权益资金成本可采用资本资产定价模型、税前债务成本加风险溢价法、股利增长模型等方法进行计算，也可直接采用投资方的预期投资报酬率或既有企业的净资产收益率。

2. 债务资金成本由债务资金筹集费和债务资金占用费组成。债务资金筹集费是指债务资金筹集过程中支付的费用，如承诺费、发行手续费、担保费、代理费以及债券兑付手续费等；债务资金占用费是指使用债务资金过程中发生的经常性费用，如贷款利息和债券利息。债务资金成本应通过各种可能的债务资金的利率水平、利率计算方式（固定利率、浮动利率）、计息（单利、复利）和付息方式，以及宽限期和偿还期，计算债务资金的综合成本。

3．为了确定项目财务基准收益率，比较不同融资方案的资金成本，需要计算加权平均资金成本。在计算各种债务资金成本和权益资金成本的基础上，以各种资金占全部资金的比重为权数来计算每个融资方案的加权平均资金成本。

3.9 应根据项目投资计划足额筹措项目所需资金。进行项目融资方案分析，应编制项目总投资使用计划与资金筹措表（表5）。

4 财务成本费用与财务效益估算

4.1 财务成本费用与财务效益估算是财务分析的基础，应力求准确与可靠。

4.2 成本费用与效益估算应遵循“有无对比”原则，应正确识别和估算“有项目”和“无项目”状态的成本费用与效益。

4.3 对农业建设项目的财务成本费用与财务效益进行估算时，如果项目的投入和产出会影响到该项目参与主体其他生产活动的投入和产出，应把项目活动和受影响的其他生产活动作为一个整体进行分析，以避免对中间投入物和产出物的遗漏或重复计算，正确估算项目的成本和效益。

4.4 农业建设项目的总成本费用一般采用生产要素估算法估算。

总成本费用＝经营成本＋折旧费＋摊销费＋财务费用

1. 折旧费估算。固定资产一般采用直线法提取折旧，折旧费根据固定资产原值计算。固定资产原值包括建设投资中形成固定资产的有关投资费用、各项预备费以及建设期利息。固定资产的折旧年限、预计净残值率可在税法允许的范围内由项目参与主体自行确定，或按行业规定。对于农业建设项目，应注意根据项目固定资产的技术经济特征确定其折旧年限和残值率。

2. 摊销费估算。形成无形资产和其他资产的建设投资将构成无形资产与其他资产原值，在项目运营期以摊销费形式进入总成本费用。摊销年限应注意符合税法的要求。摊销费的估算一般采用平均年限法，不计残值。

3. 财务费用估算。财务费用包括预计在项目运营期发生的建设投资借款利息和流动资金借款利息，应根据还本付息计划分别按照当年建设投资借款额、流动资金借款额及各自的利率估算。

4.5 农业建设项目经营成本包括土地租金和品种使用费、外购生产资料和原材料、外购燃料和动力、修理费、职工薪酬和其他费用。

1. 土地租金和品种使用费：仅指运营期分年支付的相关费用。

2. 外购生产资料和原材料：包括种子、肥料、农药、农膜、仔畜禽、饲料、兽药、水等。

3. 外购燃料和动力：包括电、煤、气等。

4. 修理费：按建筑与设备等固定资产原值（扣除所含建设期利息）的一定比例估算。

5. 职工薪酬：按项目全部新增人员数量确定，同时注意项目管理人员、技术人员和生产人员的工资差异。职工薪酬支出应包括项目所聘用人员及财政预算人员的工资、社保和福利。

6. 其他费用：经营性农业建设项目的其他费用包括其他制造费用、其他管理费用和其他营业费用，是指从制造费用、管理费用和营业费用中扣除了折旧费、摊销费、修理费、职工薪酬以后的其余部分；非经营性农业建设项目的其他费用可按照项目机构办公费用、项目人员差旅费用、项目设施管护费用等具体内容分项列示和估算。

4.6 农业建设项目经营成本估算表应明确列示各项成本费用科目及其估算值。各项经营成本的估算应以辅助报表的形式列示详细的估算依据。

4.7 种植业和养殖业建设项目的经营成本应充分考虑动植物在不同年度生长发育的实际状况，结合技术参数分年估算。

4.8 多农户参与的农业建设项目经营成本的估算，应采用模式农户分析方法。在估算中，应注意土地、劳动力和原材料的估价方法：

1. 农户自有土地的价值已体现在有无项目对比中，在财务成本的估算中无需计价，租赁土地按实际租金计价。

2. 农户自有劳动力应参照当地农业劳动力的机会成本计价，应注意不同劳动季节的不同价格，采用能确实反映农户自有劳动力真实价值的合理价格；外雇劳动力按实际雇工的市场价计价。

3. 农户外购的项目原材料，以外购市场价作为计价基础；农户自产的项目原材料，应以可能的售价作为计价基础，难以出售的，则不予计价。

4.9 经营性农业建设项目财务效益主要包括销售农产品或提供服务所获得的收入和补贴收入；非经营性农业建设项目财务效益主要是有偿服务收入和补贴收入。

1. 销售农产品或提供服务所获得的收入：估算基础为项目农产品或服务的价格与数量。

2. 补贴收入包括以下几部分：

（1）财政部门对项目单位所拨付的各类财政补贴，如人员工资和福利费、办公费用、专项财政补助经费和其他补助用于公益服务方面的财政补贴等。

（2）先征后返的增值税、按销量或服务量等依据国家规定的补助定额计算并定期给予的定额补贴。

（3）根据国家或地方法规开征的各项行政性收费等，通过主管部门或财政部门转拨给农业服务组织使用，用于公益服务方面的支出。

（4）项目所能获取的财政扶持的其他形式的补贴。

3. 有偿服务收入：指项目开展公益性服务所获取的有偿服务收入和提供劳务等取得的收入及其他业务收入。

4.10 项目农产品的价格应综合考虑季节性和产品质量差异，采用项目参与主体可获得的销售价而不是项目产品的市场零售价计价。

4.11 种植业和养殖业建设项目的财务效益应充分考虑动植物在不同生长年份的产量差异，结合技术方案与技术参数分年度估算。

4.12 农业建设项目应根据税法和政策的相关规定，合理估算项目税费。

4.13 对有多个参与主体的农业建设项目，应采用分层分析法，针对不同的项目参与主体分别进行财务成本费用和财务效益估算。对不同项目参与主体来说，对某一个主体构成财务效益的科目，可能对另一个主体则构成了财务成本费用，应分别计入各自的效益与成本。

4.14 成本费用与效益估算要根据具体情况编制下列财务分析辅助报表：

1. 对于企业主体进行分析时，需要编制以下估算表：

（1）营业收入、营业税金及附加和增值税估算表（表6－1）；

（2）总成本费用估算表（表6－2）；

（3）外购生产资料和原材料费用估算表（表6－2－1）；

（4）外购燃料和动力费用估算表（表6－2－2）；

（5）固定资产折旧费估算表（表6－2－3）；

（6）无形资产和其他资产摊销估算表（表6－2－4）；

（7）职工薪酬估算表（表6－2－5）。

2．进行模式农户分析时，需要编制以下报表：

（1）模式农户固定投入估算表（表7－1）；

（2）模式农户生产投入产出调查/预测表（表7－2）。

3．对于非经营性农业建设项目进行分析时，需要编制以下估算表：

（1）项目增量经营成本估算表（非经营性项目）（表8－1）；

（2）项目增量收入和税费估算表（非经营性项目）（表8－2）。

在进行项目分析时，可结合项目的具体情况选用合适的报表。

5 财务分析

5.1 财务分析应遵循“有无对比”原则，以增量财务成本费用与增量财务效益估算为基础进行。

5.2 财务分析应通过编制财务分析报表，计算财务指标，判断农业建设项目的财务可行性。

5.3 经营性农业建设项目和非经营性农业建设项目应采用不同的财务分析方法。

经营性农业建设项目的财务分析，包括盈利能力分析、偿债能力分析和财务生存能力分析。

非经营性农业建设项目的财务分析，应区别不同的情况，分别进行财务生存能力分析。

5.4 融资前分析与融资后分析。融资前分析是从项目投资总获利能力角度，考察项目方案的财务可行性。融资前分析计算的相关指标，应作为初步投资决策与融资方案研究的依据和基础。融资后分析以融资前分析和初步的融资方案为基础，考虑项目在拟定融资条件下的财务可行性。融资后分析用于比选融资方案，帮助投资者作出融资决策。

一般先进行融资前分析，在融资前分析结论满足要求的情况下，初步设定融资方案，再进行融资后分析。

在项目建议书阶段，可只进行融资前分析。

5.5 融资前分析应以动态分析（折现分析）为主，静态分析（非折现分析）为辅。融资前动态分析应以营业收入、建设投资、经营成本和流动资金的估算为基础，考察整个计算期内现金流入与流出，编制项目投资现金流量表，利用资金时间价值的原理进行折现，计算项目投资内部收益率和净现值等指标。融资前分析也可计算静态投资回收期指标和总投资收益率指标，分别用以反映收回项目投资所需要的时间和总投资的盈利水平。

5.6 融资后分析考察项目在拟定融资条件下的盈利能力、偿债能力和财务生存能力。

融资后的盈利能力分析应包括动态分析和静态分析两个方面：

1．动态分析包括下列两个层次：

（1）项目资本金现金流量分析，应在拟定的融资方案下，从项目资本金出资者整体的角度，确定其现金流入和现金流出，编制项目资本金现金流量表，利用资金时间价值的原理进行折现，计算项目资本金财务内部收益率指标，考察项目资本金可获得的收益水平。

（2）投资各方现金流量分析，应从投资各方实际收入和支出的角度，确定其现金流入和现金流出，分别编制投资各方现金流量表，计算投资各方的财务内部收益率指标，考察投资各方可能获得的收益水平。当投资各方不按股本比例进行分配或有其他不对等的收益时，可选择进行投资各方现金流量分析。

2．静态分析指不采取折现方式处理数据，依据利润与利润分配表计算项目资本金净利润率。

静态盈利能力分析可根据项目的具体情况选做。

5.7 盈利能力分析的主要指标包括项目投资财务内部收益率和财务净现值、项目资本金财务内部收益率、项目投资回收期、总投资收益率、项目资本金净利润率等。可根据项目的特点及财务分析的目的、要求等选用。

1. 财务内部收益率（*FIRR*）。是指能使项目计算期内净现金流量现值累计等于零时的折现率，即 *FIRR* 作为折现率使下式成立：

$$\sum_{t=1}^{n}(CI-CO)_t(1+IRR)^{-t}=0$$

式中 CI——现金流入量；

CO——现金流出量；

$(CI-CO)_t$——第 t 年的净现金流量；

n——项目计算期。

项目投资财务内部收益率、项目资本金财务内部收益率和投资各方财务内部收益率均按上式计算，但所用的现金流入和现金流出不同。

当财务内部收益率大于或等于所设定的判别基准（通常称为财务基准收益率）时，项目方案在财务上可考虑接受。

2. 财务净现值（*FNPV*）。是指按设定的财务折现率（一般采用财务基准收益率）计算的项目计算期内净现金流量的现值之和，可按下式计算：

$$NPV=\sum_{t=1}^{n}(CI-CO)_t(1+i_c)^{-t}$$

式中 i_c——设定的财务折现率（同财务基准收益率）。

一般情况下，财务盈利能力分析只计算项目投资财务净现值，可根据需要选择计算所得税前净现值或所得税后净现值。

按照设定的折现率计算的财务净现值大于或等于零时，项目方案在财务上可考虑接受。

3. 项目投资回收期（P_t）。是指以项目的净效益回收项目投资所需要的时间，一般以年为单位，项目投资回收期宜从项目建设开始年算起，若从项目投产开始年计算，应予以特别注明。项目投资回收期可采用下式计算：

$$\sum_{t=1}^{P_t}(CI-CO)_t=0$$

式中 CI——现金流入量；

CO——现金流出量；

$(CI-CO)_t$——第 t 年的净现金流量；

P_t——投资回收期。

投资回收期可借助项目投资现金流量表计算。项目投资现金流量表中累计净现金流量由负值变为零的时点，即为项目的投资回收期。投资回收期应按下式计算：

$$P_t=T-1+\frac{\left|\sum_{i=1}^{T-1}(CI-CO)_i\right|}{(CI-CO)_T}$$

式中　T——各年累计净现金流量首次为正值或者零的年数。

投资回收期短，说明项目投资回收快，抗风险能力强。

4．总投资收益率（ROI）。表示总投资的盈利水平，是指项目达到设计能力后正常年份的年息税前利润或运营期内年平均息税前利润（$EBIT$）与项目总投资（TI）的比率。总投资收益率应按下式计算：

$$ROI = \frac{EBIT}{TI} \times 100\%$$

式中　$EBIT$——项目正常年份的年息税前利润或者运营期内年平均息税前利润；

TI——项目总投资。

总投资收益率高于同行业的收益率参考值，表示用总投资收益率表示的盈利能力满足要求。

5．项目资本金净利润率（ROE）。表明项目资本金的盈利水平，指项目达到设计生产能力后正常年份的年净利润或运营期内年平均净利润（NP）与项目资本金（EC）的比率；项目资本金利润率应该按照下式计算：

$$ROE = \frac{NP}{EC} \times 100\%$$

式中　NP——项目正常年份的年净利润或者运营期内年平均净利润；

EC——项目资本金。

项目资本金净利润率高于同行业的净利润率参考值，表明用项目资本金净利润率表示的盈利能力满足要求。

5.8　偿债能力分析应通过计算利息备付率、偿债备付率及资产负债率等指标，分析判断项目的偿债能力。

1．利息备付率（ICR）。指在借款偿还期内的息税前利润（$EBIT$）与应付利息（PI）的比值，它从付息资金来源的充裕性角度反映项目偿付债务利息的保障程度，按下式计算：

$$ICR = \frac{EBIT}{PI}$$

式中　$EBIT$——息税前利润；

PI——计入总成本费用的应付利息。

利息备付率应分年计算。利息备付率高，表明利息偿付的保障程度高。

利息备付率应当大于1，并结合债权人的要求确定。

2．偿债备付率（$DSCR$）。是指在借款偿还期内，用于计算还本付息的资金（$EBITDA - TAX$）应与还本付息金额（PD）的比值，它表示可用于计算还本付息的资金偿还借款本息的保障程度，按下式计算：

$$DSCR = \frac{EBITDA - TAX}{PD}$$

式中　$EBITDA$——息税前利润加折旧和摊销；

TAX——企业所得税；

PD——应还本付息金额，包括还本金额和计入总成本费用的全部利息。融资租赁费用可视同借款偿还。运营期内的短期借款本息也应纳入计算。

如果项目在运行期内有维持运营的投资，可用于还本付息的资金应扣除维持运营的投资。

偿债备付率应分年计算，偿债备付率高，表明可用于还本付息的资金保障程度高。

偿债备付率应大于1，并结合债权人的要求确定。

3．资产负债率（*LOAR*）。是指各期末负债总额（*TL*）同资产总额（*TA*）的比率，应按下式计算：

$$LOAR = \frac{TL}{TA}$$

式中 *TL*——期末负债总额；

TA——期末资产总额。

适度的资产负债率，表明企业经营安全、稳健，具有较强的筹资能力，也表明企业和债权人的风险较小。对该指标的分析，应结合国家宏观经济状况、行业发展趋势、企业所处竞争环境等具体条件判定。项目财务分析中，在长期债务还清后，可不再计算资产负债率。

5.9 项目财务生存能力，应在财务分析辅助表和利润与利润分配表的基础上编制财务计划现金流量表，通过考察项目计算期内的投资、融资和经营活动所产生的各项现金流入和流出，计算净现金流量和累计盈余资金，分析项目是否有足够的净现金流量维持正常运营，以实现财务可持续性。

5.10 对于项目参与主体众多的经营性农业建设项目，应使用分层分析法进行项目的财务分析，分析不同主体参与本项目的财务效益。只有当每一个（类）具有独立财务利益的项目参与主体在财务上可行且项目总体财务可行时，项目才能被认为具有财务可行性。项目参与主体一般包括企业、农户、合作经济组织、政府公共服务机构等。

5.11 对参与农业建设项目的农户，应按照模式农户分析方法进行财务分析。

1．模式农户的财务盈利能力分析。应根据农户的投入产出（成本收益）数据估算增量现金流量，编制模式农户现金流量表，分别计算融资前和融资后模式农户的内部收益率和净现值等动态指标，判断模式农户参与项目的财务盈利能力。另外，还可计算项目农户劳动力年纯收入增量，以反映农户参与项目所带来的年收入增加，判断项目对农户的吸引力。在计算这一指标时，农户投入项目的劳动力可不计价。

应根据还本付息计划计算财务费用（利息支出），用于融资后增量现金流量分析。

2．对于有农户贷款的农业建设项目，应进行模式农户还款能力分析。鉴于农户是生产和生活统一体，以及农户具有生产活动多元化的特征，可通过计算模式农户还款资金盈余/缺口来分析农户的还款能力。

还款资金盈余/缺口是指在有项目状态的运营期，扣除模式农户生产、生活消费现金支出及还本付息后每年的现金净收入，正值称为“还款资金盈余”，表明农户具有还款能力；负值称为“还款资金缺口”，表明农户还款能力不足。其计算公式为：

还款资金盈余/缺口＝农户有项目状态运营期当年的现金收入－当年农户的生产及生活消费现金支出－还本付息支出

其中，农户生活消费现金支出是指维持农户家庭正常限度消费水平所需要的现金支出。

5.12 对于以农户为项目主体的农业建设项目，应在模式农户财务分析的基础上，进行项目总体财务效益分析。为此，应以模式农户增量现金流量表为基础，根据每类农户模式的数量和分年实施计划，考虑未分摊到模式农户投资中的项目公共投资，推算项目整体的综合财务现金流量表，进行项目总体财务分析。

5.13 对于参与经营性农业建设项目的政府公共服务机构和合作经济组织，可以参照本评价方法5.14所述评价方法来进行财务分析。

5.14 对非经营性农业建设项目，其财务分析可按下列要求进行：

1. 对没有营业收入或只有少量服务性收入的纯公益性农业建设项目，不进行盈利能力分析，主要考察项目财务生存能力。即以项目作为一个独立主体，考察项目投入运营后的各项现金流入和流出状况，计算项目运营期各年的净现金流量和累计净现金流，分析项目是否有足够的净现金流量维持正常运营，以实现财务可持续性。

财务可持续性应首先体现在项目运营期各年有足够大的净现金流，其次各年累计盈余资金不应出现负值。若出现负值，应进行短期借款，同时分析该短期借款的年份长短和数额大小，进一步判断项目的财务生存能力。短期借款利息应计入财务费用。为维持项目正常运营，还应分析短期借款的可靠性。

对于需要政府补贴才能维持运营的非经营性农业建设项目，应合理估算项目运营期各年所需的政府补贴数额，并分析政府补贴的可能性与支付能力。对有债务资金的项目，还应结合借款还款要求进行财务生存能力分析。

2. 对于有营业收入及盈利要求的非经营性农业建设项目，应进行动态盈利能力分析来考察项目财务上是否可行。

此类项目应采用财务净现值法进行财务分析。财务净现值（*FNPV*）≥0，表明项目在财务上是可行的。财务净现值的计算方法与一般项目相同。一般情况下，可以只进行项目资本金现金流量分析，只计算项目资本金财务净现值和资本金财务内部收益率。

5.15 农业建设项目财务基准收益率的选用应结合国家和行业发展战略、发展规划、产业政策、资源供给、市场需求、行业特点和项目的实际情况等因素确定。

1. 政府投资项目的财务分析应采用国家有关主管部门发布的农业行业财务基准收益率。

2. 企业投资等其他各类农业建设项目的财务分析中所采用的财务基准收益率，由投资者依据资金机会成本（或资金成本）并充分考虑项目可能面临的风险确定，或参考使用有关主管部门发布的农业行业财务基准收益率。

5.16 农业建设项目的财务分析，需要根据具体情况编制下列财务分析报表：

1. 经营性农业建设项目的财务分析，需要根据具体情况编制：

（1）项目投资现金流量表（表9－1）；

（2）项目资本金现金流量表（表9－2）；

（3）投资各方现金流量表（表9－3）；

（4）利润与利润分配表（表10）；

（5）财务计划现金流量表（表11）；

（6）资产负债表（表12）；

（7）借款还本付息计划表（表13）。

2. 模式农户的财务分析，需要编制：

（1）模式农户现金流量表（表14－1）；

（2）模式农户还款能力计算表（表14－2）。

3. 非经营性农业建设项目的财务分析，需要编制项目资本金现金流量表（表9－2）。

6 经济费用效益分析

6.1 经济费用效益分析应从资源合理配置的角度，分析项目投资的经济效率和对社会福利所作出的贡献，评价项目的经济合理性。对于财务现金流量不能全面、真实地反映其经济价值，需要进行经济费用效益分析的项目，应将经济费用效益分析的结论作为项目决策的主要依据之一。

6.2 对于财务价格不能真实反映项目投入和产出的经济价值、财务成本不能包含对资源的全部消耗或者财务效益不能包含项目产出的全部经济效果的项目，需要进行经济费用效益分析。

6.3 经济效益的计算应遵循支付意愿原则和（或）接受补偿原则；经济费用的计算应遵循机会成本原则。

6.4 经济效益和经济费用可直接识别，也可以通过调整财务效益和财务费用得到。经济效益和经济费用应采用影子价格计算。

经济费用效益分析方法要求运用影子价格、影子汇率、影子工资和社会折现率等经济参数，分析计算投资项目的经济效益和经济费用，评价项目投资行为的可行性。

6.5 经济效益和经济费用的计算区分以下两种情况：

1. 对于具有市场价格的投入和产出，影子价格的计算应符合下列要求：

（1）对于可外贸货物，其投入物或产出物价格应基于口岸价格进行计算。计算公式为：

出口产出影子价格（出厂价）= 离岸价（*FOB*）× 影子汇率 − 出口费用

进口投入影子价格（到厂价）= 到岸价（*CIF*）× 影子汇率 + 进口费用

（2）对非外贸货物，其投入或产出的影子价格应根据下列要求计算：

1）如果项目处于竞争性市场环境中，应采用市场价格作为计算项目投入或产出的影子价格的依据。

2）如果项目的投入或产出的规模很大，项目的实施将足以影响其市场价格，导致“有项目”和“无项目”两种情况下市场价格不一致，在项目评价中，取二者的平均值作为测算影子价格的依据。

2. 当项目的产出效果不具有市场价格，或市场价格难以真实反映其经济价值时，对项目的产品或服务的影子价格进行重新测算应采用的方法。

（1）按照消费者支付意愿的原则，通过其他相关市场价格信号，按照“显示偏好”的方法，寻找揭示这些影响的隐含价值，对其效果进行间接估算。如项目的外部效果导致关联对象产出水平或成本费用的变动，通过对这些变动进行客观量化分析，作为对项目外部效果进行量化的依据。

（2）根据意愿调查评估法，按照“陈述偏好”的原则进行间接估算。一般通过对被评估者的直接调查，直接评价调查对象的支付意愿或接受补偿的意愿，从中推断出项目造成的有关外部影响的影子价格。

6.6 特殊投入物的影子价格应按下列方法计算：

1. 项目实施所投入或节约的劳动力，是项目实施所付出的代价或所产生的效益，无论是否支付工资，都必须使用影子工资计价，作为项目的经济费用或经济效益。劳动力的影子工资等于劳动力机会成本与因劳动力转移而引起的新增资源消耗之和。

劳动力机会成本的大小与劳动力的技术熟练程度和供求状况有关，技术熟练程度要求高及稀缺的劳动力，其机会成本高；技术熟练程度要求低及饱和的劳动力，其机会成本低。

2. 土地是一种重要的资源，项目占用的土地无论是否支付费用，均应计算其影子价格。影子价格可以按照土地的资本化租金确定。项目所占用的农业、林业、牧业、渔业及其他生产性用地，其影子价格应按照其未来对社会可提供的消费产品的支付意愿及因改变土地用途而发生的新增资源消耗之和进行计算；项目所占用的住宅、休闲用地等非生产性用地，市场完善的，应根据市场交易价格估算其影子价格；无市场交易价格或市场机制不完善的，应根据支付意愿价格估算其影子价格。

6.7 农业建设项目的经济效益应区分以下四种情况进行确认与计算：

1. 对于直接改进了农产品质量或提高了农产品产量的项目，如农产品质量安全项目等，应通过由于产品质量的改进而导致的预期价格的提高或所能增加的销售收入来计算项目的经济效益。

2. 对于效益表现为费用节约的项目，如能源生态项目和动物防疫与植保项目等，应根据“有无对比”分析，计算节约的经济费用，如减排的污染物价值、避免的疫病和病虫害损失、防止水土流失而减少的农作物损失等，作为项目相应的经济效益。

3. 对于既增加产量或收入又减少损失的农业建设项目，如渔港项目等，可通过计算其使用者增加的收入和减低的损失来确定项目的经济效益。

4. 对于经济效益难于货币化的项目，应采用本评价方法第7章所述的费用效果分析方法分析项目的经济效益。

6.8 在项目的有些收入和支出中，接收方所获得的效益和付出方所发生的费用相等，即为社会经济内部成员之间的“转移支付”。从社会经济角度看，并没有造成资源的实际增加或减少，不应作为经济效益或经济费用来处理。

经济分析中，项目的转移支付主要包括：

1. 项目向政府缴纳的大部分税费（体现资源补偿和环境补偿的税费除外）。

2. 政府给予项目的各种补贴。

3. 项目向国内银行等金融机构支付的贷款利息和获得存款利息。

在财务分析的基础上进行经济分析时，要注意从财务效益和财务费用中剔除转移支付部分。

6.9 外部效果通常包括间接效益和间接费用，它是由于项目的外部性所导致的项目对外部的影响，而项目的本身并未因此实际获得收入或支付费用。为防止外部效果计算扩大化，一般只应计算一次相关效果。

6.10 影子汇率系指用于对外贸货物和服务进行经济费用效益分析的外币的经济价格，即外汇的影子价格，应能正确反映外汇的经济价值，按下式计算：

$$影子汇率 = 外汇牌价 \times 影子汇率换算系数$$

6.11 项目经济费用效益分析采用社会折现率对未来经济效益和经济费用流量进行折现。项目的所有效益和费用（包括不能货币化的效果）一般均应在共同的时点基础上予以折现。

可根据项目产出效果的特性、项目所在地区经济发展的情况、项目投资管理的要求等因素，在国家公布的社会折现率的基础上，适当调整社会折现率的取值，但调整幅度不宜太大。

6.12 项目的经济费用和效益能够进行货币化，应在费用效益识别和计算的基础上，编制经济费用效益流量表，经济费用效益分析指标主要包括经济净现值、经济内部收益率和经济效益费用比等。通过计算这些经济费用效益分析指标，分析项目投资的经济效率。

1. 经济净现值。经济净现值（*ENPV*）是项目按照社会折现率将计算期内各年的经济净效益流量折现到建设期初的现值之和，是经济费用效益分析的主要评价指标。计算公式为：

$$ENPV = \sum_{t=1}^{n} (B - C)_t (1 + i_s)^{-t}$$

式中 B——经济效益流量；

C——经济费用流量；

n——项目计算期；

$(B-C)_t$——第 t 年的经济净效益流量；

i_s——社会折现率。

在经济费用效益分析中，如果经济净现值等于或大于0，说明项目可以达到社会折现率要求的效率水平，认为该项目从经济资源配置的角度可以被接受。

2. 经济内部效益率。经济内部效益率（*EIRR*）是项目在计算期内经济净效益流量的现值累计等于0时的折现率，是经济费用效益分析的辅助评价指标。计算公式为：

$$\sum_{t=1}^{n} (B - C)_t (1 + EIRR)^{-t} = 0$$

式中 B——经济效益流量；

C——经济费用流量；

n——项目计算期；

$(B-C)_t$——第 t 年的经济净效益流量；

$EIRR$——经济内部效益率。

如果经济内部效益率等于或者大于社会折现率，表明项目资源配置的经济效率达到了可以被接受的水平。

3. 效益费用比。效益费用比（R_{BC}）是项目在计算期内效益流量的现值与费用流量的现值的比率，是经济费用效益分析的辅助评价指标。计算公式为：

$$R_{BC} = \frac{\sum_{t=1}^{n} B_t (1 + i_s)^{-t}}{\sum_{t=1}^{n} C_t (1 + i_s)^{-t}}$$

式中 R_{BC}——效益费用比；

B_t——第 t 年的经济效益；

C_t——第 t 年的经济费用。

如果效益费用比大于1，表明项目资源配置的经济效率达到了可以被接受的水平。

6.13 在完成经济费用效益分析之后，应进一步分析对比经济费用效益与财务现金流量之间的差异，并根据需要对财务分析与经济费用效益分析结论之间的差异进行分析，找出受益或受损群体，分析项目对不同利益相关者在经济上的影响程度，并提出改进资源配置效率及财务生存能力的政策建议。

6.14 经济费用效益分析应编制项目投资经济费用效益流量表（表15），必要时编制其他辅助报表，以提供基础数据。

7　费用效果分析与影响效果分析

7.1　费用效果分析系指通过比较项目预期的效果与所支付的费用，以判断项目的费用有效性与经济合理性。

费用系指为实现项目预定目标所付出的财务代价或经济代价，采用货币计量；效果系指项目的结果所起到的作用、效用或效能，是项目目标的实现程度。按照项目要实现的目标，一个项目可选用一个或多个效果指标。

7.2　费用效果分析适用于下列农业建设项目，并以分析结论作为项目投资决策的依据之一：

1. 投资效果难以或不能货币化的农业建设项目。

2. 投资规模较小，进行项目经济费用效益分析的操作成本过高的农业建设项目。

对于国家明确规定应进行项目经济费用效益分析的农业建设项目，其经济费用效益分析应按照本评价方法第6章中规定的方法进行。

7.3　费用效果分析遵循多方案比选原则，所分析的项目应满足下列条件：

1. 备选方案不少于两个，且为互斥方案或可转化为互斥型的方案。

2. 备选方案应具有共同的目标，目标不同的方案、不满足最低效果要求的方案不可进行比较。

3. 备选方案的费用应能货币化，且资金用量不应突破资金限制。

4. 效果应采用同一非货币计量单位衡量，如果有多个效果，其指标加权处理形成单一综合指标。

5. 备选方案应具有可比的寿命周期。

7.4　费用效果分析应按下列步骤进行：

1. 确立项目目标。

2. 构想和建立备选方案。

3. 将项目目标转化为具体的可量化的效果指标。

4. 识别费用与效果要素，并估算各个备选方案的费用与效果。

5. 利用相关指标，综合比较、分析各个方案的优缺点。

6. 推荐最佳方案或提出优先采用的次序。

7.5　项目费用应包含从项目投资开始到项目终结的整个期间内所发生的全部费用。费用可按现值公式（PC）或按年值公式（AC）计算：

$$PC = \sum_{t=1}^{n} (CO)_t (P/F, i, t)$$

$$AC = \left[\sum_{t=1}^{n} (CO)_t (P/F, i, t) \right] (A/P, i, n)$$

式中　$(CO)_t$——第 t 期现金流出量；

n——计算期；

i——折现率；

$(P/F,\ i,\ t)$——现值系数$\left[\frac{1}{(1+i)^n}\right]$；

$(A/P,\ i,\ n)$——资金回收系数$\left[\frac{i(1+i)^n}{(1+i)^n-1}\right]$。

备选方案的计算期不一致时，应采用费用年值公式。

7.6 项目效果计量单位的选择，应能切实度量项目目标实现的程度，且便于计算。若项目的目标不止一个，或项目的效果难以直接度量，需要建立次级分解目标加以度量时，需要用科学的方法确定权重，建议采用层次分析法对项目的效果进行加权计算，形成统一的综合指标。采用层次分析法时，对重要性的评价应综合考虑专家意见、政策制定者的偏好和项目参与者的看法。

7.7 费用效果分析可采用效果费用比作为基本指标，应按下式计算：

$$R_{E/C}=\frac{E}{C}$$

式中 $R_{E/C}$——效果费用比；

E——项目效果；

C——项目的计算期费用，用现值（PC）或年值（AC）表示。

有时为方便或习惯起见，也可采用费用效果比指标，按下式计算：

$$R_{C/E}=\frac{C}{E}$$

7.8 费用效果分析可采用下列基本方法：

1．最小费用法。也称固定效果法，即在效果相同的条件下，应选取费用最小的备选方案。

2．最大效果法。也称固定费用法，即在费用相同的条件下，应选取效果最大的备选方案。

3．增量分析法。当效果与费用均不固定时，且分析具有较大幅度的差别时，应比较两个备选方案之间的费用差额和效果差额，分析获得增量效果所付出的增量费用是否值得，不可盲目选择效果费用比（$R_{E/C}$）人的方案或费用效果比（$R_{C/E}$）小的方案。

采用费用效果增量分析时应先确定基准指标（截至指标）$[E/C]_0$或$[C/E]_0$。如果增加的效果能够抵补增加的费用，选择费用高的方案，否则，选择费用低的方案。

7.9 难以进行经济费用效益分析的农业建设项目（特别是非经营性农业建设项目），除了必须进行费用效果分析外，还必须采用影响效果分析法，结合项目目标和项目建设内容，全面、详细分析项目所能产生的各方面的社会效益和生态效益，以论证项目投资的经济合理性。

当项目方案难以进行项目的费用效果分析时，可以只进行项目的影响效果分析。

7.10 项目影响效果的具体描述指标，分别选用以下类别的指标，具体的指标选择可根据具体农业建设项目的性质与内容来确定：

1．数量指标，用以反映项目产出物或项目受益者的数量。如受益农田亩产的增加量、受益农户数、受益面积、增加的就业量、培训农民人数、脱贫率等。

2．技术指标，用以反映项目对生产活动技术参数的影响。如受益区病虫害发病率的下降幅度、牲畜生产技术指标（如死亡率、出栏率、胴体重等）的变化、生态指标（如植被覆盖率、单位面积新增产草量、水土流失、土壤有机质含量等）的变化等。

3．定性分析指标，用以反映项目带来的、难以用数量指标或技术指标量化反映的影响，包括以下方面内容：

（1）项目与国家相关政策的相关程度；

（2）项目实施对区域经济与宏观经济的影响分析；

（3）其他难以量化描述的社会和生态效益。

7.11 采用影响效果分析法时，应注意以下问题：

1．影响效果分析法应主要分析项目所产生的各种社会效益和生态效益，不包括项目自身的财务效益。

2．应遵循指标优选的原则，根据数量指标优选，技术指标次之，定性指标再次之的选取顺序。

7.12 无论采取何种评价方法，都要遵循“有无对比”原则。只有项目增量投资所创造的增量效益（效果），才是项目的真正效益（效果）；不能简单以项目实施后的预计效益（效果）作为项目投资的效益（效果）。因此，在计算出来各类定量指标后，应结合有无项目情况下这些指标的情况进行对比分析，以充分说明项目所能产生的社会效益和生态效益。

8 不确定性分析与风险分析

8.1 不确定性分析的内容一般包括盈亏平衡分析和敏感性分析。

8.2 盈亏平衡分析旨在通过计算项目达产年的盈亏平衡点（*BEP*），分析项目成本与效益的平衡关系，判断项目对市场变化的适应能力和抗风险能力。

盈亏平衡点的表达形式可以用产量、产品售价、单位产品可变成本等绝对量表示，也可以用生产能力利用率等相对值表示。投资完成后就必须发挥全部生产能力的项目如种植业项目、奶牛养殖项目的盈亏平衡点分析原则上用产量、产品售价或单位产品可变成本表示；其他项目的盈亏平衡点分析一般采用生产能力利用率或产量表示。

用产量、产品售价、生产能力利用率表示的盈亏平衡点越低，或者单位产品可变成本表示的盈亏平衡点越高，表示项目适应市场的能力越大，抗风险能力越强。

8.3 敏感性分析旨在通过分析不确定性因素发生增减变化对财务或经济评价指标的影响，计算敏感度系数和临界点，找出关键的敏感因素。通常只进行单因素敏感性分析。敏感因素一般包括建设投资、产品价格、主要投入物价格、可变成本、生产负荷、建设期以及人民币汇率等。

敏感度系数是项目评价指标变化的百分率与敏感因素变化的百分率之比。敏感度系数高，表示评价指标对该敏感因素敏感程度高。临界点（转换值）系指敏感因素的变化使项目由可行变为不可行的临界数值，一般采用敏感因素相对基本方案变化的百分率或其对应的具体数值表示。

8.4 风险分析应贯穿于项目可行性研究的全过程。风险分析应采用定性与定量相结合的方法，分析风险因素发生的可能性及给项目带来经济损失的程度，分析过程包括风险识别、风险估计、风险评价与风险应对。

8.5 风险识别是找出重要的风险因素，主要方法有德尔菲法、分解法和逻辑框架法等。在农业建设项目的可行性研究阶段应着重识别自然资源利用风险、自然灾害风险、市场风险、技术风险、经营管理风险等。

8.6 风险估计是在风险识别后通过定量分析的方法测度风险发生的可能性及对项目的影响程度。风险发生的可能性通过风险事件概率分布表达，风险发生对项目的影响程度可以采用敏感性分析的结果，应用简单估计法或者概率分析法。自然灾害风险的概率要重点参考项目区最近多年的灾害发生统计数据。

8.7 风险评价应根据风险识别和风险估计的结果，依据项目风险判别标准，找出影响项目成败的关键风险因素。项目风险大小的评价标准应根据风险因素发生的可能性及其造成的损失来确定，一般采用评价指标的概率分布或累计概率、期望值、标准差作为判别标准，也可采用综合风险等级作为判别标准。具体操作应符合下列要求：

1. 以评价指标作判别标准。

（1）财务（经济）内部收益率大于等于基准收益率的累计概率值越大，风险越小；标准差越小，风险越小；

（2）财务（经济）净现值大于等于零的累计概率值越大，风险越小；标准差越小，风险越小。

2．以综合风险等级作判别标准。

根据风险因素发生的可能性及其造成损失的程度，建立综合风险等级的矩阵，将综合风险分为K级、M级、T级、R级、I级等五个等级（见综合风险等级分类表，表16）。

8.8 风险应对根据风险评价的结果，研究规避、控制与防范风险的措施，为项目全过程风险管理提供依据。具体应关注下列方面：

1．风险应对的原则：应具有针对性、可行性、经济性，并贯穿于项目评价的全过程。

2．决策阶段风险应对的主要措施：强调多方案比选；对潜在风险因素提出必要研究与试验课题；对投资估算与财务（经济）分析，应留有充分的余地；对建设或生产经营期的潜在风险可建议采取回避、转移、分担和自担措施。

3．结合综合风险因素等级的分析结果，提出下列应对方案：

K级：风险很高，出现这类风险就要放弃项目；

M级：风险高，修正拟议中的方案，通过改变设计或采取补偿措施等；

T级：风险较高，设定某些指标的临界值，指标一旦达到临界值，就要变更设计或对负面影响采取补偿措施；

R级：风险适度（较小），适当采取措施后不影响项目；

I级：风险低，可忽略。

9 方案经济比选

9.1 进行经济比选的备选方案应满足下列条件：

1. 备选方案的整体功能应达到目标要求。

2. 备选方案的功能或经济效益应达到可以被接受的水平。

3. 备选方案之间为互斥方案和可转化为互斥型方案。

9.2 对于比较效益易于估算的方案，其方案比较可直接采用净现值法、净现值率法、年值法、差额投资内部收益率法。

1. 净现值法是以净现值作为方案比较的主要指标，在投资额相同的情况下，净现值较大的方案为优选方案。

2. 净现值率法是在计算期相同，而投资额不等的情况下，采用净现值率指标进行方案比较的一种方法。

净现值率的计算公式如下：

$$NPVR = \frac{NPV}{I_P}$$

式中 $NPVR$——净现值率；

I_P——方案的全部投资的现值；

NPV——净现值。

净现值率是净现值相对指标，说明该方案单位投资所获得的超额净利润。用净现值率作为指标进行比较时，以净现值率较大的方案为优。

在既定的备选方案条件下，当净现值率的比较结果与净现值比较的结果不同时，一般以净现值法的结果为准。

3. 年值法是按照行业基准收益率（财务分析时）或社会折现率（经济分析时），将各方案经济寿命期内的收益折算成一个等额序列年值，通过比较方案的年值选择最优方案。年值大的方案为优。年值（AW）的表达式为：

$$AW = \sum_{t=0}^{n} (CI - CO)_t (P/F, i, t)(A/P, i, n)$$

或
$$AW = \sum_{t=0}^{n} (S - I - C + S_v + W)_t (P/F, i, t)(A/P, i, n)$$

或
$$AW = NPV(i)(A/P, i, n)$$

式中 S——年销售收入；

I——年全部投资（包括固定资产投资和流动资金）；

C——年经营总成本；

S_v——计算期末回收固定资产余值；

W——计算期末回收流动资金；

$(P/F, i, t)$——折现系数；

i——基准收益率或社会折现率；

n——计算期；

$(A/P, i, n)$——资金回收系数。

4．差额投资财务内部收益率法，使用备选方案差额现金流应按下式计算：

$$\sum_{t=1}^{n}[(CI-CO)_{大}-(CI-CO)_{小}](1+\Delta FIRR)^{-t}=0$$

式中　$(CI-CO)_{大}$——投资大的方案的财务净现金流量；

$(CI-CO)_{小}$——投资小的方案的财务净现金流量；

$\Delta FIRR$——差额投资财务内部收益率。

计算差额投资财务内部收益率（$\Delta FIRR$），与设定的基准收益率（i）进行对比，当差额投资财务内部收益率大于或等于设定的基准收益率时，以投资大的方案为优，反之，投资小的方案为优。在进行多方案比较时，应先按投资大小，由小到大排序，再依次就相邻方案两两比较，从中选出最优方案。

差额投资经济内部收益率（$\Delta EIRR$）法，可采用经济净现金流量替代上式中的财务净现金流量进行方案比选。

9.3　对于比较效益相同或基本相同但又难以具体估算的方案，采用最小费用法，只比较其费用大小，费用最小的方案为最优方案。最小费用法又分为费用现值法和年费用法。

1．费用现值法，计算备选方案的总费用现值并进行对比，以费用现值较低的方案为优。

$$PC=\sum_{t=1}^{n}(I+C-S_{v}-W)_{t}(P/F,i,t)$$

2．年费用法。利用资金回收系数计算各个方案的等额年费用并进行对比。年费用较低的方案为可取的方案。

$$AC=\sum_{t=1}^{n}(I+C-S_{v}-W)_{t}(P/F,i,t)(A/P,i,n)$$

或

$$AC=PW\ (A/P,\ i,\ n)$$

9.4　在多方案比较中，应分析不确定性因素和风险因素对方案比选的影响，判断其对比较结果的影响程度，必要时，应进行不确定性分析或风险分析，以保证比选结果的有效性。在比选时应遵循效益与风险权衡的原则。存在不确定性因素和风险因素时，方案比选可采用下列方法：

1．折现率调整法，调高折现率使备选方案净现值变为零，折现率变动幅度小的方案风险大，折现率变动幅度大的方案风险小。

2．标准差法，对备选方案进行概率分析，计算出评价指标的期望值和标准差，在期望值满足要求的前提下，比较其标准差，标准差较高者，风险相对较大。

3．累计概率法，计算备选方案净现值大于或等于零的累计概率，估计方案承受风险的程度，方案的净现值大于或等于零的累计概率值越接近于1，说明方案的风险越小；反之，方案的风险大。

9.5 进行财务分析和经济费用效益分析时，方案经济比选主要应按经济费用效益分析的结论选择方案。备选方案的经济指标的取值比较差异不大时，不能依此判定方案的优劣，只有经济指标的取值存在足够的差异，且估算和测算的误差不足以使评价结论出现逆转时，才能认定比较方案有显著的差异，并据此判定方案的优劣。

10 农业改扩建项目经济评价特点

10.1 农业改扩建项目系指投资主体在利用原有资产与资源基础上，投资形成新的生产（服务）设施，扩大或完善原有生产（服务）系统的活动，目的在于增加产品供给，提高产品质量，调整产品结构，降低资源消耗，节省运行费用，改善生态环境等。

10.2 农业改扩建项目经济评价应正确识别与估算"无项目"、"有项目"、"增量"、"现状"、"新增"等五种状态下的资产、收入与成本、效益与费用。"无项目"与"有项目"的评价口径与范围应当保持一致。

10.3 农业改扩建项目应分析项目对现有投资或经营主体的贡献。通过计算项目实施后营业总收入和利润总额等指标与"新增"数据及相关增长率，估算项目投资活动对既有财务状况改善的贡献。

10.4 农业改扩建项目盈利能力分析可直接采用"增量"数据和相关指标进行分析。清偿能力分析围绕"有项目"的偿债能力进行，若"有项目"还款资金不足，应分析"有项目"还款资金的缺口，即既有项目建设单位应为项目额外提供的还款资金数额；财务生存能力分析应以"有项目"状态为基础进行。

10.5 农业改扩建项目的经济费用效益分析应采用一般农业建设项目的经济费用效益分析方法，正确识别"有项目"与"无项目"的经济效益和经济费用，分析指标为增量经济净现值和经济内部收益率。

10.6 符合下列特定条件之一的农业改扩建项目，可采用新建农业建设项目经济评价的方法：

1. 项目的投入和产出与既有生产经营活动相对独立。
2. 利用既有资产与资源量与新增量相比较小。
3. 效益和费用的增量流量较容易确定。

11　典型农业项目经济评价的特点

11.1　综合性开发项目经济评价的特点：

1. 综合性开发项目是指在一定的地域内，由一个以上相互联系且相对独立的分项目组成的农业建设项目。综合性开发项目的参与主体主要包括农户、企业、合作经济组织和政府公共服务机构等。

2. 综合性开发项目的财务分析应采用分层分析法进行，具体可分为项目级和分项级。

3. 项目级财务分析是把整个项目作为一个财务实体进行评价，目的是测算整个项目的财务可行性。

4. 分项级财务分析是对综合性开发项目中相对独立经营的分项目或子项目分别进行评价。一般大型综合性开发项目包括农户分项、企业分项和公共分项。

（1）农户分项。选取参与项目的模式农户进行评价。模式农户分析选取不同类型的单个农户作为分析对象，目的是分析不同类型农户参与项目的财务可行性，以判断项目对农户的吸引力。模式农户分析应以农户的整个经营活动为分析对象；在农户项目活动与农户的其他经济活动相对独立时，也可以项目活动为分析对象。农户财务分析可以采用现金流量分析指标，也可采用亩增收入、家庭年增收入、劳均年增量纯收入等简化指标。当需要考察农户层次的总体收益时，可汇总所有农户的收益成本资料，然后采用现金流量分析法进行分析。

（2）企业分项。综合性开发项目参与主体中包括企业时，需对企业进行单独的财务分析。

（3）公共分项。综合性开发项目的农业技术体系、质检体系、水土保持工程和防风林建设等公共分项的财务分析仅做财务生存能力分析。如果营运期收不抵支，要说明资金缺口的解决途径。

5. 财务收入和财务成本的识别应注意以下几个方面：

（1）农户劳动力费用的处理。在项目级评价时，在建设期参与项目建设而投入的劳动力成本计入投资费用；在生产期参与农业生产经营的劳动力成本计入生产成本。在进行农户分项评价时，劳动力年纯收入增量中包含了农户劳动力的工资，劳动力成本投入可不计入生产成本。

（2）政府对项目企业和农户的补贴可以看作是企业分项和农户分项的效益。对企业的补贴计入企业分项的效益，对农户的补贴计入农户分项的效益。

（3）公共分项的投资若需要分摊时，可采用有无比较法或效益分摊系数法计算相应的份额，分别摊入受益的项目农户和企业的投资中。

6. 综合性开发项目的经济费用效益分析仅做项目级的分析。

11.2　种植业项目的经济评价特点：

1. 种植业项目是指以改善种植业生产条件或环境设施为主要内容的农业建设项目，如基本农田建设工程、植物保护工程、温室工程等。种植业项目具有生产、生态等功能，具有目标多元性、参与主体多重性和外部效果显著等特征。

2. 项目的财务效益来源于农业增产效益、防洪除涝所避免的损失、产品质量改善所增加的收益、改变产品销售时间或地点所带来的效益、降低成本增加的收益及其他有形收益。产量和价格变动引起的收入变动反映在增量收入中；种子、肥料、农药、人工等成本的变动反映在增量成本中。

3. 当种植业项目涉及多个参与主体时，财务分析应采用分层分析法，考察项目各主体的财务盈利能力和项目对农民的吸引力。

4. 非经营性种植业项目的财务分析可以只进行财务生存能力分析，主要考察项目的财务可持续能力，同时还应重点分析项目受益农户的增量收益。

5. 经济费用效益分析只进行到项目级。各项费用的调整按农业建设项目经济费用效益分析方法的有关规定进行。对于外部效果较大且不易量化和货币化的种植业建设项目，可进行费用效果分析和影响效果分析。

6. 种植业项目的风险分析除了分析市场风险之外，应把自然灾害作为主要的风险因素。要根据历年的统计资料，综合分析干旱、水涝、病虫害等发生的概率和对收入成本的影响程度。

7. 种植业项目的流动资金估算要考虑生产的季节性和作物的轮作方式，采用扩大指标法进行估算。

11.3 畜牧业项目的经济评价特点：

1. 畜牧业项目指以生产畜产品为目的的投资活动。畜牧生产具有动物本身的繁殖、生长等生命规律，某年畜群规模和结构的变动会对以后年份的规模和结构产生影响。

2. 畜牧业项目的建设投资除土建、设备外，还包括种畜和草地改良等。计入建设投资的种畜范围以《农业企业会计核算办法》的相关规定为准，为生产畜产品而购置的畜禽，如蛋鸡、奶牛等，属于生产性生物资产，应计入项目的建设投资，其他畜禽购置费计入项目经营成本。草场改良项目建设投资包括机耕费、种子费、肥料费、围栏费、人工费以及在草场建设施工时运输费等。

3. 畜牧业项目财务分析必须以畜群预测为基础，畜群预测的精确与否直接影响项目评价的精确性。应根据畜群结构和相关技术参数编制畜群周转表，据此估算投资，预测每年的畜群规模、生产成本和产出。

4. 改扩建畜牧业项目的畜产品产量为有项目与无项目产量之差。由于无项目时也有可能调整畜群结构和规模，分析人员要从动态角度考虑无项目收益和成本。估算草场项目产出时应注意人工草场的产量周期性变化规律。

5. 畜产品价格季节变化差异大，可以采用最近多年的平均价格作为基础价格，再预测项目计算期内的价格。

6. 项目建成后一般要满负荷经营的畜牧业项目，如奶牛场、种猪场项目的盈亏平衡分析用产量或产品单价表示。

11.4 渔业项目经济评价特点：

1. 渔业项目是以促进渔业发展、增加水产品供给为目的的建设项目，主要包括水产养殖、捕捞、加工以及与此相关的基础设施、科研推广、资源保护等类型的建设项目。

2. 渔业项目既有经营性建设项目，也有非经营性建设项目，应按照项目的不同特点，采用不同的融资方案和经济评价方法。属于基础设施、科研推广、资源保护等非经营性建设项目，以费用效益分析、费用效果分析和影响效果分析为主，进行综合评价，尽可能采用量化指标，同时辅之以定性分析；水产养殖、捕捞、加工等经营性建设项目，以财务分析为主，评价项目的财务可行性；良种繁育等居于两种类型之间的项目，采用财务分析与经济分析相结合的分析方法。

3．渔业项目建设投资包括建筑安装工程、田间工程、仪器设备购置、购进亲鱼亲蟹等生物性资产投资、工程建设其他费和预备费。

4．渔业生产是在水环境下的生产经营活动，受水资源的制约较大。对渔业项目的经济评价不仅要分析经济上的可行性，还要充分考虑水资源的稀缺性特点，从国民经济的整体角度，分析水资源利用的环境代价和机会成本。

5．渔业项目既有市场风险和技术风险，也有水环境污染、台风、疫病等自然风险，在开展不确定性分析的同时，应对各种风险因素及其防范措施的经济合理性进行全面分析。

6．渔港建设项目，受地形、地质、波浪、泥沙等因素影响较大，技术比较复杂，应进行方案经济比选。在防灾避风效果基本相同的情况下，重点比较不同的建设标准、不同的工程技术方案投资总量和运行成本的多少，以费用年值或费用现值较少的方案为佳。

附表

附表一　投资估算报表

表1A　农业建设项目总投资估算表（概算法）

人民币单位：万元

序号	工程和费用名称	估算价值						占总投资比例（%）	备注
		农业建筑工程费	农业田间工程费	农业安装工程费	农机具和仪器设备购置费	其他费用	合计		
1	工程费用								
1.1	主体工程								
1.1.1	×××								
	……								
1.2	辅助工程								
1.2.1	×××								
	……								
1.3	公用工程								
1.3.1	×××								
	……								
1.4	服务性工程								
1.4.1	×××								
	……								
1.5	×××								
2	生产性和公益性生物资产费用								
2.1	×××								
	……								
3	工程建设其他费用								
3.1	×××								
	……								
4	预备费								
4.1	基本预备费								
4.2	涨价预备费								
5	建设投资合计								
	比例（%）								

表1B　农业建设项目总投资估算表（形成资产法）

人民币单位：万元

序号	工程和费用名称	估算价值							占总投资比例（%）	备注
		建筑工程费	田间工程费	农机具和仪器设备购置费	农业安装工程费	生产性和公益性生物资产	其他费用	合计		
1	固定资产费用									
1.1	工程费用									
1.1.1	单项工程（或单位工程）1									
1.1.2	单项工程（或单位工程）2									
1.1.3	单项工程（或单位工程）3									
	……									
1.2	固定资产其他费用									
1.2.1	费用1									
1.2.2	费用2									
1.2.3	费用3									
2	无形资产费用									
2.1	×××									
	……									
3	其他资产费用									
3.1	×××									
	……									
4	预备费									
4.1	基本预备费									
4.2	涨价预备费									
5	建设投资合计									
	比例（%）									

表 1－1　建筑工程费估算表

序号	工程和费用名称	建设性质	单位	数量	单价	金额（万元）	备注
	农业建筑工程费						
1	土建						
2	装饰						
3	给排水						
4	采暖						
5	电气						
6	通风空调						
	……						
合计							

表 1－2　田间工程费估算表

序号	工程和费用名称	建设性质	单位	数量	单价	金额（万元）	备注
1	土地整治						
2	水源						
3	灌溉						
4	排水						
5	道路（晒场、桥涵）						
6	种植圃（试验池）						
7	防护林网						
8	围栏						
9	田间供电						
10	其他工程						
合计							

表 1-3　农机具及仪器设备购置费估算表

序号	设备名称	规格、型号	单位	数量	单价	金额（万元）
	单项工程 1					
（一）	实验室仪器设备					
1	×××					
	……					
（二）	工艺设备					
1	×××					
	……					
（三）	农机具（车辆）					
1	×××					
	……					
（四）	其他仪器设备					
1	×××					
	……					
	单项工程 2					
（一）	实验室仪器设备					
1	×××					
	……					
（二）	工艺设备					
1	×××					
	……					
（三）	农机具（车辆）					
1	×××					
	……					
（四）	其他仪器设备					
1	×××					
	……					
	合计					

表 1-4　安装工程费估算表

序号	工程和费用名称	建设性质	单位	数量	单价	金额（万元）	备注
	农业安装工程费						
1	安装工程 1						
2	安装工程 2						
3	安装工程 3						
	……						
	合计						

表 1-5　生产性和公益性生物资产费估算表

序号	费用名称	单价	数量	金额（万元）	备注
（一）	生产性生物资产				
1	费用 1				
2	费用 2				
3	……				
	小计				
（二）	公益性生物资产				
1	费用 1				
2	费用 2				
3	……				
	小计				
	合计				

表 1-6　工程建设其他费估算表

序号	费用名称	单价	数量	金额（万元）	备注
1	费用 1				
2	费用 2				
3	费用 3				
4	费用 4				
5	费用 5				
6	费用 6				
7	费用 7				
8	……				
	合计				

表2　建设期利息估算表

人民币单位：万元

序号	项目	合计	建设期					
			1	2	3	4	……	n
1	借款							
1.1	建设期利息							
1.1.1	期初借款余额							
1.1.2	当期借款							
1.1.3	当期应计利息							
1.1.4	期末借款余额							
1.2	其他融资费用							
1.3	小计（1.1+1.2）							
2	债券							
2.1	建设期利息							
2.1.1	期初债务余额							
2.1.2	当期债务金额							
2.1.3	当期应计利息							
2.2	其他融资费用							
2.3	小计（2.1+2.2）							
3	合计（1.3+2.3）							
3.1	建设期利息合计（1.1+2.1）							
3.2	其他融资费用合计（1.2+2.2）							

表 3A　流动资金估算表（分项详细估算法）

人民币单位：万元

序号	项目	最低周转天数	周转次数	计算期					
				1	2	3	4	……	n
1	流动资产								
1.1	应收账款								
1.2	存货								
1.2.1	原材料								
	×××								
	……								
1.2.2	燃料								
	×××								
	……								
1.2.3	在产品								
1.2.4	产成品								
1.3	现金								
1.4	预付账款								
2	流动负债								
2.1	应收账款								
2.2	预收账款								
3	流动资金(1－2)								
4	流动资金当期增加额								

表3B 流动资金估算表（扩大指标估算法）

人民币单位：万元

序号	项目＼年份	投产期			达产期		合计
		1	2	3	4	……	
1	经营成本						
2	流动资金需要量						
3	流动资金本年增加额						

表4 分年度投资计划表

人民币单位：万元

序号	工程或费用名称	估算投资	年度投资					备注
			1	2	3	……	*n*	
1	工程建设费用							
	×××							
	……							
2	工程建设其他费用							
	×××							
	……							
3	预备费							
4	总投资							

表5　项目总投资使用计划与资金筹措表

人民币单位：万元

序号	项目	合计	1	2	3	……	n
1	总投资						
1.1	建设投资						
1.2	建设期利息						
1.3	流动资金						
2	资金筹措						
2.1	项目资本金						
2.1.1	用于建设投资						
	××方						
	……						
2.1.2	用于流动资金						
	××方						
	……						
2.1.3	用于建设期利息						
	××方						
	……						
2.2	债务资金						
2.2.1	用于建设投资						
	××借款						
	××债券						
	……						
2.2.2	用于建设期利息						
	××借款						
	××债券						
	……						
2.2.3	用于流动资金						
	××借款						
	××债券						
	……						
2.3	其他资金						
	××借款						
	××债券						
	……						

附表二 成本费用与效益报表

表6－1 营业收入、营业税金及附加和增值税估算表

人民币单位：万元

序号	项目	合计	计 算 期					
			1	2	3	4	……	n
	生产负荷							
1	营业收入							
1.1	农产品Ⅰ收入							
	单价							
	销售量							
	销项税额							
1.2	农产品Ⅱ收入							
	单价							
	销售量							
	销项税额							
	……							
	销项税额合计							
2	营业税金及附加							
2.1	城市维护建设税							
2.2	教育费附加							
3	增值税							
3.1	进项税额							
3.2	销项税额							

表 6-2 总成本费用估算表

人民币单位：万元

序号	项目	合计	计算期					
			1	2	3	4	……	n
	生产负荷							
1	外购生产资料和原材料							
2	外购燃料及动力费							
3	职工薪酬							
4	修理费							
5	分年支付的土地租金和品种使用费							
6	其他费用*							
7	经营成本（1+2+3+4+5+6）							
8	折旧费							
9	摊销费							
10	财务费用							
11	总成本费用合计（7+8+9+10）							
	其中：固定成本							
	可变成本							

注：* 包括其他制造费用、其他管理费用与其他营业费用。

表6-2-1　外购生产资料和原材料费用估算表

人民币单位：万元

序号	项目	合计	计算期					
			1	2	3	4	……	n
	生产负荷							
1	外购生产资料和原材料费							
1.1	生产资料或原材料Ⅰ							
	单价							
	消耗量							
	进项税额							
1.2	生产资料或原材料Ⅱ							
	单价							
	消耗量							
	进项税额							
	……							
2	辅助材料费							
	进项税额							
3	外购生产资料和原材料费合计							
4	外购生产资料和原材料进项税额合计							

表 6-2-2　外购燃料和动力费用估算表

人民币单位：万元

序号	项目	合计	计算期					
			1	2	3	4	……	*n*
	生产负荷							
1	外购燃料费							
1.1	燃料 I							
	单价							
	消耗量							
	进项税额							
	……							
2	外购动力费							
2.1	动力 I							
	单价							
	消耗量							
	进项税额							
	……							
3	外购燃料和动力费合计							
4	外购燃料和动力进项税额合计							

表6－2－3　固定资产折旧费估算表

人民币单位：万元

序号	项目	折旧年限	残值率	合计	计算期					
					1	2	3	4	……	n
1	建（构）筑物（含一次性支付土地租金）									
	原值									
	当期折旧费									
	净值									
2	仪器设备（不需要更新类）									
	原值									
	当期折旧费									
	净值									
3	其他固定资产									
	原值									
	当期折旧费									
	净值									
	……									
4	合计									
	原值									
	当期折旧费									
	净值									

注：如建设期产生利息，以上固定资产原值均包含建设期利息在内。

表 6-2-4　无形资产和其他资产摊销估算表

人民币单位：万元

序号	项目	合计	计算期					
			1	2	3	4	……	*n*
1	无形资产（技术转让费等）							
	原值							
	当期摊销费							
	净值							
2	其他资产							
	原值							
	当期摊销费							
	净值							
	……							
3	合计							
	原值							
	当期摊销费							
	净值							

表 6-2-5　职工薪酬估算表

人民币单位：万元

序号	项目	合计	计算期					
			1	2	3	4	……	*n*
1	生产人员*							
	人数							
	人均年工资							
	工资额							
2	技术人员							
	人数							
	人均年工资							
	工资额							
3	管理人员							
	人数							
	人均年工资							
	工资额							
4	工资总额(1+2+3)							
5	职工福利费							
6	社会保险费							
7	住房公积金							
8	工会经费等其他费用支出							
9	合计（4+5+6+7+8）							

注：*指企业直接聘用的生产人员。

表7-1 模式农户固定投入估算表

人民币单位：元

序号	项目	单位	单价	建设期*									
				1		2		3		……		合计	
				数量	价值	数量	价值	数量	价值	数量	价值	数量	价值
1	工程费用												
	房屋												
	圈舍												
	土地整理												
	底肥												
	农机具												
	仪器设备												
	……												
	其中：农户投劳折价												
2	生产性与公益性生物资产												
	种畜												
	种苗												
	……												
3	工程建设其他费用												
	……												
4	项目固定投入合计												
	其中：政府补贴												
	农户投劳折价												
	农户现金投入												
	农户贷款投入												

注：*系指在该项投资取得产出前的时期。

表7-2 模式农户生产投入产出调查/预测表

人民币单位：元

序号	项目	单位	无项目状态	有项目状态					
				1	2	3	4	……	*n*
1	受项目影响的种植业活动（作物A/作物B/……，分作物列示）								
1.1	产值								
	面积								
	单产								
	单价								
1.2	经营成本								
	种子								
	肥料								
	农药								
	投工								
	农机服务								
	……								
1.3	净收入								
2	受项目影响的养殖业活动（畜禽A/畜禽B/……，分畜禽列示）								
2.1	产值								
	数量								
	单产								
	单价								
2.2	经营成本								
	仔畜*								
	饲料								
	防疫								
	投工								
	……								
2.3	净收入								
3	受项目影响的其他经济活动现金净收入**								
4	政府对本项目的生产性补贴								
5	净收入合计								

注：*指经收获后退出生物转化过程的畜禽（属消耗性生物资产），如肉鸡、肉牛、育肥猪等；可持续保持自我生长以便重复收获产品的畜禽（属生产性生物资产），如蛋鸡、奶牛等投入，应计入农户固定投入。

**需注明是何种经济活动。

表 8-1 项目增量经营成本估算表（非经营性项目）

人民币单位：万元

序号	项目	无项目状态	有项目状态					
			1	2	3	4	……	*n*
1	外购生产资料和原材料							
	……							
	……							
	……							
2	外购燃料及动力							
	……							
	……							
	……							
3	职工薪酬							
4	办公费用							
5	维护和修理费							
6	土地及房屋租赁费							
7	其他费用							
8	新增经营成本							

表8－2　项目增量收入和税费估算表（非经营性项目）

人民币单位：万元

序号	项目	无项目状态	有项目状态					
			1	2	3	4	……	n
1	现金收入							
1.1	产品营业收入							
1.2	有偿服务收入							
1.3	补贴收入*							
1.4	其他收入							
2	营业税金及附加							
2.1	营业税							
2.2	消费税							
2.3	城市维护建设税							
2.4	教育费附加							
3	增值税							
3.1	销项税额							
3.2	进项税额							

注：*应分项详细列示。

附表三　财务分析报表

表9－1　项目投资现金流量表

人民币单位：万元

序号	项目	合计	计算期					
			1	2	3	4	……	n
1	项目现金流入							
1.1	营业收入							
1.2	有偿服务收入							
1.3	补贴收入							
1.4	其他收入							
1.5	回收固定资产余值							
1.6	回收流动资金							
2	项目现金流出							
2.1	建设投资							
2.2	流动资金							
2.3	经营成本							
2.4	营业税金及附加							
2.5	维持运营投资							
3	所得税前项目净现金流量（1－2）							
4	累计所得税前净现金流量							
5	调整所得税							
6	所得税后净现金流量（3－5）							
7	累计所得税后净现金流量							

计算指标：

项目财务内部收益率（%）（所得税前）

项目财务内部收益率（%）（所得税后）

项目财务净现值（所得税前）（i_c =　%）

项目财务净现值（所得税后）（i_c =　%）

投资回收期（年）（所得税前）

投资回收期（年）（所得税后）

注：1. 本表适用于新设法人项目与既有法人项目的增量和“有项目”的现金流量分析；若属于改扩建项目，则应增加无项目状态现金流入、现金流出与净现金流量栏目，指标计算以有项目状态净现金流量减去无项目状态净现金流量后得到的“增量净现金流量”（所得税前和所得税后）为基础。

2. 调整所得税为以息税前利润为基数计算的所得税，区别于“利润与利润分配表”、“项目资本金现金流量表”和“财务计划现金流量表”中的所得税。

表9-2 项目资本金现金流量表

人民币单位：万元

序号	项目	合计	计算期					
			1	2	3	4	……	n
1	项目现金流入							
1.1	营业收入							
1.2	有偿服务收入							
1.3	补贴收入							
1.4	其他收入							
1.5	回收固定资产余值							
1.6	回收流动资金							
2	项目现金流出							
2.1	项目资本金							
2.2	借款本金偿还							
2.3	借款利息支付							
2.4	经营成本							
2.5	营业税金及附加							
2.6	所得税							
2.7	维持营运投资							
3	项目净现金流量（1-2）							
4	项目累计净现金流量							
计算指标： 资本金财务内部收益率（%）								

注：1. 本表适用于新设法人项目与既有法人项目的增量和“有项目”的现金流量分析；若属于改扩建项目，则应增加无项目状态现金流入、现金流出与净现金流量栏目，指标计算以有项目状态净现金流量减去无项目状态净现金流量后得到的“增量净现金流量”（所得税前和所得税后）为基础。

2. 调整所得税为以息税前利润为基数计算的所得税，区别于“利润与利润分配表”、“项目资本金现金流量表”和“财务计划现金流量表”中的所得税。

3. 对于对没有营业收入或只有少量服务性收入的纯公益性农业建设项目，本表主要用于对项目的财务生存能力分析，不需要计算资本金财务内部收益率指标，在此情况下，“项目净现金流量”和“项目累计现金流量”可分别只计算运营期的相关指标。

表 9-3　投资各方现金流量表

人民币单位：万元

序号	项目	合计	计算期					
			1	2	3	4	……	n
1	现金流入							
1.1	实分利润							
1.2	资产处置收益分配							
1.3	租赁费收入							
1.4	技术转让或使用收入							
1.5	其他现金流入							
2	现金流出							
2.1	实缴资本							
2.2	租赁资产支出							
2.3	其他现金流出							
3	净现金流量（1-2）							
计算指标： 投资各方财务内部收益率（%）								

注：1. 投资各方现金流量表既适用于内资企业也适用于外商投资企业；既适用于合资企业也适用于合作企业。

2. 该表中现金流入是指出资方因该项目的实施将实际获得的各种收入；现金流出是指出资方因该项目的实施将实际投入的各种支出。

3. “实分利润”：是指投资者由项目获取的利润。

4. “资产处置收益分配”：是指对有明确的合营期限或合资期限的项目，在期满对资产余值按股比或约定比例的分配。

5. “租赁费收入”和“租赁资产支出”：是指出资方将自己的资产租赁给项目使用所获得的收入，此时应将资产价值作为现金流出，列为“租赁资产支出”科目。

6. “技术转让或使用收入”：是指出资方将专利或专有技术转让或允许该项目使用所获得的收入。

表10　利润与利润分配表

人民币单位：万元

序号	项目	合计	计算期					
			1	2	3	4	……	n
1	营业收入							
2	营业税金及附加							
3	总成本费用							
4	补贴收入							
5	利润总额（1－2－3＋4）							
6	弥补以前年度亏损							
7	应纳税所得额（5－6）							
8	所得税							
9	净利润（5－8）							
10	期初未分配利润							
11	可供分配的利润（9＋10）							
12	提取法定盈余公积金							
13	可供投资者分配的利润（11－12）							
14	应付优先股股利							
15	提取任意盈余公积金							
16	应付普通股股利（13－14－15）							
17	各投资方利润分配							
其中	××方							
	××方							
18	未分配利润（13－14－15－17）							
19	息税前利润（利润总额＋利息支出）							
20	息税折旧摊销前利润（息税前利润＋折旧＋摊销）							
计算指标： 总投资收益率（%） 项目资本金净利润率（%）								

注：1. 对于外商出资项目由第11项减去储备基金、职工奖励与福利基金和企业发展基金后，得出可供投资者分配的利润。

2. 第14～16项根据企业性质和具体情况选择填列。

3. 法定盈余公积金按净利润计提。

表11　财务计划现金流量表

人民币单位：万元

序号	项目	合计	计算期					
			1	2	3	4	……	*n*
1	经营活动净现金流量（1.1－1.2）							
1.1	现金流入							
1.1.1	营业收入							
1.1.2	增值税销项税额							
1.1.3	补贴收入							
1.1.4	其他流入							
1.2	现金流出							
1.2.1	经营成本							
1.2.2	增值税进项税额							
1.2.3	营业税金及附加							
1.2.4	增值税							
1.2.5	所得税							
1.2.6	其他流出							
2	投资活动净现金流量（2.1－2.2）							
2.1	现金流入							
2.2	现金流出							
2.2.1	建设投资							
2.2.2	维持营运投资							
2.2.3	流动资金							
2.2.4	其他流出							
3	筹资活动净现金流量（3.1－3.2）							
3.1	现金流入							
3.1.1	项目资本金投入							
3.1.2	建设投资借款							
3.1.3	流动资金借款							
3.1.4	债券							
3.1.5	短期借款							
3.1.6	其他流入							
3.2	现金流出							
3.2.1	各种利息支出							
3.2.2	偿还债务本金							
3.2.3	应付利润（股利分配）							
3.2.4	其他流出							
4	净现金流量（1＋2＋3）							
5	累计盈余资金							

注：1. 对于新设法人项目（新建项目），本表投资活动的现金流入为零。

2. 对于既有法人项目，可适当增加科目。

3. 必要时，现金流出中可增加应付优先股股利科目。

4. 对外商投资项目应将职工奖励与福利基金作为经营活动现金流出。

表12　资产负债表

人民币单位：万元

序号	项目	计算期					
		1	2	3	4	……	*n*
1	资产						
1.1	流动资产总额						
1.1.1	货币资金						
1.1.2	应收账款						
1.1.3	预付账款						
1.1.4	存货						
1.1.5	其他						
1.2	在建工程						
1.3	固定资产净值						
1.4	无形及其他资产净值						
2	负债及所有者权益（2.4+2.5）						
2.1	流动负债总额						
2.1.1	短期借款						
2.1.2	应付账款						
2.1.3	预收账款						
2.1.4	其他						
2.2	建设投资借款						
2.3	流动资金借款						
2.4	负债小计（2.1+2.2+2.3）						
2.5	所有者权益						
2.5.1	资本金						
2.5.2	资本公积						
2.5.3	累计盈余公积金						
2.5.4	累计未分配利润						
计算指标： 资产负债率（%）							

注：1. 对外商投资项目，第2.5.3项改为累计储备基金和企业发展基金。

2. 对既有法人项目，一般只针对法人编制，可按需要增加科目，此时表中资本金是指企业全部实收资本，包括原有和新增的实收资本。必要时，也可针对“有项目”范围编制。此时表中资本金仅指“有项目”范围的对应数值。

3. 货币资金包括现金和累计盈余资金。

表 13　借款还本付息计划表

人民币单位：万元

序号	项目		利率	计算期					
				1	2	3	4	……	*n*
1	借款 1								
1.1	期初借款余额								
1.2	本年借款								
1.3	当期还本付息								
1.3.1	其中：还本								
1.3.2	付息								
1.4	期末借款余额（1.1 + 1.2 − 1.3.1）								
2	借款 2								
2.1	期初借款余额								
2.2	本年借款								
2.3	当期还本付息								
2.3.1	其中：还本								
2.3.2	付息								
2.4	期末借款余额（2.1 + 2.2 − 2.3.1）								
3	债券								
3.1	期初债务余额								
3.2	本年债券融资								
3.3	当期还本付息								
3.3.1	其中：还本								
3.3.2	付息								
3.4	期末余额（3.1 + 3.2 − 3.3.1）								
4	借款与债券合计								
4.1	期初余额								
4.2	当期还本付息								
其中		还本							
		付息							
4.3	期末余额								
计算指标： 利息备付率（%） 偿债备付率（%）									

注：1. 本表与表 2“建设期利息估算表”可合二为一。

2. 本表直接适用于新设法人项目，如有多种借款或债券，必要时应分别列出。

3. 对于既有法人项目，在按有项目范围进行计算时，可根据需要增加项目范围内原有借款的还本付息计算；在计算企业层次的还本付息时，可根据需要增加项目范围外借款的还本付息计算；当简化直接进行项目层次新增借款还本付息计算时，可直接按新增数据进行计算。

4. 本表可另加流动资金借款的还本付息计算。

表 14-1 模式农户现金流量表

人民币单位：元

序号	项目		无项目状态	有项目状态					
				1	2	3	4	……	n
1	现金流入								
1.1	受项目影响的种植业活动产值								
1.2	受项目影响的养殖业活动产值								
1.3	受项目影响的其他经济活动现金净收入								
1.4	政府对本项目的生产性补贴								
2	现金流出								
2.1	项目固定投入合计								
2.1.1	工程费用								
2.1.2	生产性生物资产和公益性生物资产投入								
2.1.3	工程建设其他费用								
2.2	项目流动资金								
2.3	经营成本								
2.3.1	受项目影响的种植业活动经营成本								
2.3.2	受项目影响的养殖业活动经营成本								
3	融资前净现金流（1-2）								
4	融资前增量净现金流								
5	净融资（5.1 + 5.2 - 5.3）								
5.1	政府（投资）补贴								
5.2	贷款流入								
5.3	还本付息								
其中		还本							
		付息							
6	融资后增量净现金流量								
计算指标： 财务内部收益率（融资前、后）（%） 财务净现值（融资前、后）（i_c =　　%）									

注：1.“现金流入”和“经营成本”数据取自表 7-2“模式农户生产投入产出调查/预测表”。

2.“项目固定投入合计”、“政府补贴”和“贷款流入”数据取自表 6-2“模式农户固定投入估算表”。

3.“项目流动资金”根据扩大指标估算法估算。

4.“还本付息”数据根据项目的还款方案确定，应与表 10-2“模式农户还款能力计算表”的相关数据一致。

表 14－2 模式农户还款能力计算表

人民币单位：元

序号	项目		项目运营期					
			1	2	3	4	……	n
1	有项目状态下农户现金收入							
1.1	家庭经营现金净收入							
其中		第一产业现金净收入						
		第二产业现金净收入						
		第三产业现金净收入						
1.2	工资性现金收入（含务工收入）							
1.3	其他来源现金收入							
2	有项目状态下农户现金支出							
2.1	生产性现金支出							
2.2	生活消费现金支出							
3	有项目状态下农户现金净收入（1－2）							
4	还本付息							
其中		还本						
		付息						
5	还款资金盈余/缺口（4－5）							

注："还本付息"数据根据项目对农户提供的贷款方案确定，应与表 9－2"模式农户现金流量表"的相关数据一致。

表 15　项目投资经济费用效益流量表

单位：万元

序号	项目	合计	计算期					
			1	2	3	4	……	n
1	效益流量							
1.1	项目直接效益							
1.2	资产余值回收							
1.3	项目间接效益							
2	费用流量							
2.1	建设投资							
2.2	维持运营投资							
2.3	流动资金							
2.4	经营费用							
2.5	项目间接费用							
3	净效益流量（1－2）							
计算指标： 经济内部收益率（%） 经济净现值（$i=$　%）								

表 16　综合风险等级分类表

综合风险等级		风险影响的程度			
		严重	较大	适度	低
风险的可能性	高	K	M	R	R
	较高	M	M	R	R
	适度	T	T	R	I
	低	T	T	R	I

《农业建设项目经济评价方法》
条 文 说 明

1 总　　则

1.1 制定《农业建设项目经济评价方法》的目的和依据

1. 建设项目经济评价是建设项目决策的重要依据，对于提高建设项目决策的科学化水平，引导和促进各类资源的合理有效配置，优化投资结构，充分发挥投资效益具有重要作用。

为适应我国社会主义市场经济发展的需要，按照投资改革的要求，在总结我国建设项目经济评价工作经验的基础上，国家发改委、建设部于2006年印发了《建设项目经济评价方法与参数》（第三版），目的是进一步规范建设项目经济评价工作，提高经济评价工作质量。

2. 针对不同行业项目的特点，《建设项目经济评价方法与参数》（第三版）对于各行业项目的经济评价方法给出了原则性规定，非常需要在此基础上制定出各行业项目经济评价方法的细则，以具体指导各行业项目的经济评价工作。

3.《农业建设项目经济评价方法》是在《建设项目经济评价方法与参数》（第三版）规定方法的基础上，结合农业行业的特点制定的。目的是适应农村经济发展和加强农业建设的需要，规范农业建设项目经济评价工作，保证经济评价的质量，提高农业建设项目决策的科学化水平，引导和促进农业领域各类资源的合理有效配置，充分发挥投资效益。

1.2 经济评价方法的适用范围

1. 所有项目的经济评价都基于资金时间价值和成本收益对比原理，因此本方法具有较宽的适用面，可用于农业行业内不同子行业和不同性质的建设项目。不同子行业农业建设项目的区别一般体现在财务或经济的费用效益流量的识别和估算；不同性质农业建设项目的区别主要体现在对评价目的和评价内容的选择上。因此，必须结合不同子行业和不同性质农业建设项目的特点运用本方法。

2. 当前我国社会主义市场经济体系的架构已经基本形成，投资主体已经由计划经济体制下单一的国家或政府，发展成为政府、国有企业、民营企业、股份制企业、事业单位、个体经济等多种主体，形成投资主体多元化、资金来源多渠道、投资方式多元化、项目建设市场化的新格局。本方法对不同投资主体在使用上没有限制。

3. 本方法适用于各类农业建设项目规划、机会研究、项目建议书、可行性研究、项目评估等前期研究工作，以提高项目决策的科学性；在项目开始实施后，可运用本方法进行项目中间评价，通过对实施过程进行监督，并与项目前期评价的结论对照，投资人可以发现问题，进行相应的改进，从而提高项目实施的效率；项目完工后，可运用本方法对项目实施情况进行全面的后评价，包括对项目实际取得的经济效益进行测算和评估，总结经验教训，为今后建设项目科学决策提供参考信息。

1.3 项目分类

农业建设项目可从不同的角度进行分类。

1. 按项目的目标，农业建设项目可分为经营性项目和非经营性项目两大类。

农业经营性项目是指通过投资以实现所有者权益的市场价值最大化为目标，以投资盈利为行为趋向的农业建设项目。

农业非经营性项目是指全部或部分由公共财政资金投入建设、不是以盈利而是以达到特定公共利益为目的的农业建设项目。

非经营性项目不以追求盈利为目标，其中包括本身就没有经营活动、没有收益的项目，这类项目的投资一般由政府安排，营运资金也由政府支出；也包括项目本身有生产经营活动，有一定的营业收入，但产品价格不完全由市场机制形成、项目目标不是追求盈利而是以达到特定公共利益为目的的农业建设项目。在后一类项目中，有些能够回收全部投资成本甚至略有节余；有些不能回收全部投资成本，但项目具备财务生存能力；有些不能回收全部投资成本，同时还需要政府补贴才能维持运营。这类农业建设项目，一般需要有国家公共财政资金的支持。

2. 按项目与企业原有资产的关系，农业建设项目可分为新建项目、改建项目和扩建项目。

新建项目是指从无到有、新投资建设的项目；扩建项目是指在现有的规模基础上，为扩大生产能力或工程效益而增建的项目；改建项目是指投资者采用新技术、新工艺、新材料等对现有设施、工艺条件进行设备更新或技术改造的项目。

改扩建项目与新建项目的区别在于：改扩建项目是在原有企业基础上进行建设的，在不同程度上利用了原有企业的资源，以增量带动存量，以较小的新增投入取得较大的新增效益。建设期内项目建设与原有企业的生产同步进行。

3. 按项目所属行业，农业建设项目可分为种植业项目、养殖业项目、渔业项目、农产品加工项目、综合性开发项目等。随着农业产业化经营的发展，许多农业建设项目不再局限于一个行业内部，例如，一个生猪养殖项目，可能同时涉足饲料生产和生猪屠宰加工，在这种情况下可以把这个项目作为一个综合性开发项目来对待。

1.4 评价内容

农业建设项目的经济评价包括财务分析（也称财务评价）和经济分析（也称国民经济评价）。

农业建设项目财务分析和经济分析所采用的具体分析方法，可视项目的特征、项目投资规模的大小等因素而定。

财务分析和经济分析的本质区别在于目标和立场不同。财务分析是从项目的角度出发，计算项目范围内的财务效益和费用，分析项目投资的盈利能力和清偿能力，评价项目在财务上的可行性；经济分析是在合理配置社会资源的前提下，从国家经济整体利益的角度出发，计算项目对国民经济的贡献，分析项目的经济效益、效果和对社会的影响，评价项目在宏观经济上的合理性。

由于目标和立场不同，财务分析和经济分析时划分和鉴定成本及效益的标准不同。财务分析是一种以项目参加者自身利益为目标的评价方法，鉴定成本及效益的标准看是否对项目参加者有利。有利于提高参加者收益的事项为效益，降低项目参加者收益的事项为成本。比如项目参加者从国家取得补贴是收益，而向国家交纳税收则是一项成本。经济分析则与此不同，它是以国家整体利益为目标的评价方法，从整个国民经济的角度来考虑问题，其鉴定成本及效益的标准看是否对国民财富增长有利。有利于提高国民财富的事项为效益，降低国民财富的事项则为成本。例如财政补贴和税收，从国民经济整体考虑，它们只不过是国民财富的一部分从一个集团转移到另一个集团的转移支付事项，它没有造成国民财富的增加或减少，不能作为项目的经济收入或经济成本，所以在进行经济分析时应予以删除。

另外，两者在分析中采用的价格不同。财务分析从项目参加者利益考虑问题，是依据现行实际的市场价格来衡量是否得利或损失，而在经济分析中采用经济价格（或称影子价格）代替财务分析中的现行市场价格，以正确反映项目给国民经济带来的利益。经济价格是指资源有效配置和利用时的价格，也就是完全竞争市场中的价格。在实际操作中，可以以国际市场价格进行一定的调整作为项目可贸易的投入物和产出物的经济价格，对于不可贸易产品的经济价格，可以把产品的财务价格按照一定的转换系数折算成经济价格。

经营性和非经营性农业建设项目可以采用不同的财务分析方法；因项目经济特征的不同，经济分析包括经济费用效益分析、费用效果分析和影响效果分析等不同的分析方法。具体的规定可参见本评价方法第 5 章、第 6 章和第 7 章。

1.5 农业建设项目经济评价特点

1. 农业建设项目受自然因素的影响较大。农业建设项目的经济评价应紧密结合作物、畜禽或水产品的自然生长属性进行；项目设计方案应注意对项目的自然风险提出切实可行的防范措施。

2. 农业建设项目往往包含有生物资产的投资。应按照相关会计准则对生物资产进行估价，区分不同生长阶段生物资产的会计属性，以便正确估算项目的建设投资。

3. 农业建设项目种类繁多。不同类别的农业建设项目具有各自不同的特点和目标，应注意结合不同类别农业建设项目的特点和目标开展项目的经济评价。

4. 农业建设项目涉及的利益主体众多。这些利益主体包括农户、企业、合作经济组织、政府公共服务机构等。在开展农业建设项目经济评价时，应结合不同利益主体的目标分别进行经济评价。只有当每一个（类）利益主体在财务上可行以及项目总体经济可行时，项目才能被认为具有经济可行性。

5. 农业建设项目往往参与的农户众多。以众多农户为项目主体的农业建设项目，应以模式农户分析方法为基础来进行项目的经济评价。只有所有模式农户财务分析均可行的项目方案才是可行的方案。

1.6 分析方法

1. “有无对比”方法。“有无对比”是指“有项目”相对于“无项目”的对比分析。“无项目”状态指不对该项目进行投资时，在计算期内，与项目有关的资产、费用与收益的预计发展情况；“有项目”状态指对该项目进行投资后，在计算期内，资产、费用与收益的预计情况。“有无对比”求出项目的增量效益，排除了项目实施以前各种条件的影响，突出项目活动的效果。“有项目”与“无项目”两种情况下，效益和费用的计算范围、计算期应保持一致，使其具有可比性。

2. 定量与定性分析相结合、以定量分析为主的原则。经济评价的本质就是要对拟建项目在整个计算期的经济活动，通过效益与费用的计算，对项目经济效益进行分析和比较。一般来说，项目经济评价要求尽量采用定量指标，但对一些不能量化的经济因素，不能直接进行数量分析，对此要求进行定性分析，并与定量分析结合起来进行评价。

3. 动态分析与静态分析相结合、以动态分析为主的原则。动态分析是指利用资金时间价值的原理对现金流量进行折现分析。静态分析是指不对现金流量进行折现分析。项目经济评价的核心是折现，所以分析评价要以折现（动态）指标为主。非折现（静态）指标与一般的财务和经济指标内涵基本相同，比较直观，但是只能作为辅助指标。

1.7 评价深度

农业建设项目经济评价的深度，应根据项目前期工作不同阶段的要求确定。

1. 项目前期研究各个阶段是对项目的内部、外部条件由浅入深、由粗到细的逐步细化过程，一般分为规划、机会研究、项目建议书和可行性研究四个阶段。由于不同研究阶段的研究目的、内容深度和要求等不相同，因此，经济评价的内容深度和侧重点也随着项目决策不同阶段的要求有所不同。

2. 可行性研究阶段的经济评价，应按照本方法的内容要求，对建设项目的财务可接受性和经济合理性进行详细、全面的分析论证，进行多方案的经济比选。

3. 项目建议书阶段的经济评价，重点是围绕项目立项建设的必要性和可能性，分析论证项目的经济条件及经济状况。这个阶段采用的基础数据可适当粗略，采用的评价指标可根据资料和认识的深度适度简化。

4. 规划和机会研究是将项目意向变成简要的项目建议的过程，研究人员对项目赖以存在的客观（内外部）条件的认识还不深刻，或者说不确定性比较大，在此阶段，可以用一些综合性的信息资料，计算简便的指标进行分析。

5. 对于投资规模较小、建设内容简单的农业建设项目，经济评价可适当简化。

1.8 项目计算期

1. 项目计算期是指经济评价中为进行动态分析所设定的期限，包括建设期和运营期。建设期是指项目资金正式投入到项目建成投产为止所需要的时间，可按合理工期或预计的建设进度确定；运营期分为投产期和达产期两个阶段。投产期是指项目投入生产，但生产能力尚未完全达到设计能力时的过渡阶段。达产期是指生产运营达到设计预期水平后的时间。运营期一般应以项目主要设备的经济寿命期确定。项目计算期应根据多种因素综合确定，包括行业特点、主要装置（或设备）的经济寿命等。行业有规定时，应从其规定。

2. 项目计算期的长短主要取决于项目本身的特性，因此无法对项目计算期作出统一规定。计算期不宜定得太长，一方面是因为按照现金流量折现的方法，把后期的净收益折为现值的数值相对较小，很难对财务分析结论产生有决定性的影响；另一方面由于时间越长，预测的数据会越不准确。

3. 特别需要注意的是，种植业和养殖业项目建设期和运营期的计算应充分考虑动植物的经济生产周期。例如，如果某果树品种的经济挂果期只有10年，那么，该果树品种项目运营期一般应设定在10年以内；如果运营期的设定超过10年，那么，在第10年应包含有对新植果树所发生的更新投资，以免高估项目效益。

1.9 时间单位

计算期较长的项目多以年为时间单位。对于计算期较短的行业项目，在较短的时间间隔内（如月、季、半年或其他非日历时间间隔）现金流水平有较大变化，可根据项目的具体情况选择合适的计算现金流量的时间单位。

1.10 价格

1. 财务分析应采用以市场价格体系为基础的预测价格。影响市场价格变动的因素很多，也很复杂，但归纳起来，不外乎两类：一是由于供需量的变化、价格政策的变化、劳动生产率变化等可能引起商品间比价的改变，产生相对价格变化；二是由于通货膨胀或通货紧缩而引起商品价格总水平的变化，产生绝对价格变动。

2. 在市场经济条件下，货物的价格因地而异，因时而变，要准确预测货物在项目计算期中的价格是很困难的。在不影响评价结论的前提下，可采取简化办法：

（1）对建设期的投入物，由于需要预测的年限较短，可既考虑相对价格变化，又考虑价格总水平变动；同时由于建设期投入物品种繁多，分别预测难度大，还可能增加不确定性，因此，在实践中一般以涨价预备费（价差预备费）的形式综合计算。

（2）对运营期的投入物和产出物价格，由于运营期比较长，在前期研究阶段对将来的物价上涨水平较难预测，预测结果的可靠性也难以保证，因此一般只预测到经营期初价格。运营期各年采用同一的不变价格，即期初价格。

3. 考虑到项目可能有多种投入物或产出物，在不影响评价结论的前提下，只需对在生产成本中影响特别大的投入物和主要产出物的价格进行预测。一般情况下，根据市场预测的结果和销售策略确定主要产出物价格。在对未来市场价格信息有充分可靠判断的情况下，本着客观、谨慎的原则，也可以采用相对变动的价格，甚至考虑通货膨胀因素。在这种情况下，财务分析采用的财务基准收益率也应考虑通货膨胀因素。

4. 在经济分析中，采用以影子价格体系为基础的预测价格，影子价格体系不考虑通货膨胀因素的影响。

5. 由于农业生产受自然条件等因素的影响较大，农产品的市场价格往往波动较大，在进行财务分析时，应选用正常年份产品大量上市时的价格作为财务价格；对于季节性波动的价格，应选择项目产品的平均市场价格作为财务价格的确定依据。

2 投资估算

2.1 农业建设项目投资

农业建设项目总投资包括建设投资、建设期利息和流动资金三部分。建设投资是项目财务分析的基础数据，可根据项目前期研究不同阶段、对投资估算精度的要求及相关规定选用估算方法。按照费用归集形式，建设投资的构成可按概算法或形成资产法分类。

2.3 建设投资按形成资产法分类

建设项目经济评价中应按照形成资产法的规定将建设投资中的各分项分别形成固定资产原值、无形资产原值和其他资产原值，建设期利息一般计入固定资产原值。按形成资产法分类，建设投资由形成固定资产的费用、形成无形资产的费用、形成其他资产的费用和预备费四部分组成。

固定资产费用指项目投产时将直接形成固定资产的建设投资，构成固定资产原值的费用包括：①工程费用，即建筑工程费、设备购置费和安装工程费；②工程建设其他费用；③预备费，可含基本预备费和涨价预备费；④建设期利息。工程建设其他费用被称为固定资产其他费用，主要包括建设单位管理费、勘探设计费、可行性研究费、研究试验费、环境影响评价费、场地准备及临时设施费、引进技术和引进设备其他费、工程保险费、联合试运转费、特殊设备安全监督检验费和市政公用设施建设及绿化费等。形成的固定资产原值可用于计算折旧费，对达到预定生产经营目的的生产性生物资产，应当按期计提折旧。

无形资产费用系指将直接形成无形资产的建设投资，主要是技术转让或技术使用费（包括专利权、非专利技术）、商标权、土地使用权和商誉等。形成的无形资产原值可用于计算摊销费。

其他资产费用系指建设投资中除形成固定资产和无形资产以外的部分，主要包括生产准备、开办费、样品样机购置费和农业开荒费等。形成的其他资产原值可用于计算摊销费。

2.6 建设投资估算方法

农业建设项目的建设投资一般采用指标估算法，根据具体的投资估算指标分别估算建（构）筑工程费、安装工程费、田间工程费、农机具及仪器设备购置费、生产性生物资产、公益性生物资产费用等，在此基础上计算工程建设其他费用、预备费等全部工程投资。

1. 农业工程建设费的估算。农业工程建设费包括以下几部分内容：

（1）农业建筑工程费估算。农业建筑工程费的估算应区分房屋建筑及附属、配套工程的估算和温室网室工程的估算两种类型。

1）房屋建筑及附属、配套工程的估算。房屋建筑及附属、配套工程的估算一般采用指标估算法，结合当地市场人工、材料、机械等变化情况进行投资估算；当没有适当的估算指标时，也可以根据当地概算定额，以主体工程的工程量为依据，辅以适当的调整系数后，进行投资估算。

2）温室网室工程的估算。温室网室工程主要包括日光温室、连栋（玻璃）温室、塑料大棚、网室等，根据温室网室综合单价与建筑面积来估算。

连栋温室、日光温室除采用上述方法与步骤外，也可以用农业部颁发的国家现行标准《连栋温室建设标准》NJY/T 06—2005 和《日光温室建设标准》NJY/T 07—2005 中有关技术经济指标进行估算。

（2）农业田间工程费估算。农业田间工程投资估算应包括的工程内容主要为土方、砌筑、（钢筋）混凝土、改土、管道、道路、林网、围栏、线路敷设及配套的装饰、设备安装等分部、分项工程或单位工程。

1）根据农业田间工程的土建工程建设方案中确定的建设标准、工程做法等具体内容，测算分部、分项、单位工程消耗量，套用适当定额或依据当地人工、材料、机械费确定基础单价计算直接工程费，并参照当地有关规定，计取间接费、利润和税金，形成土建工程分部、分项或单位工程单价。同样方法计算出管道、电力线路及配电设施等安装工程分部、分项或单位工程综合单价。

2）将农业田间工程所包括的土建、安装各分部、分项或单位工程的单价指标进行合并计算，形成农业田间工程综合单价指标，乘以建设规模后，得出农业田间工程的投资估算额。

（3）农机具及仪器设备购置费估算。农机具及仪器设备费由设备购置费、工器具购置费、现场自制非标准设备费、生产用家具购置费和相应的运杂费组成。其中，工器具购置费由设备购置费乘以农业行业规定的标准定额费率计算。

（4）农业安装工程费估算。需要安装的大型、专用或成套设备应估算农业安装工程费。生产工艺性设备，以台或套为单位计算。包括生产、动力、起重、运输、传动和操作实验等各种需要安装设备的装配费用，附属于被安装设备的管线敷设工程，被安装设备的绝缘、防腐、保温、油漆等工作的材料费和安装费。安装工程费可以按行业有关安装定额、取费标准和指标估算投资，也可按照占设备原价的 15% ~20% 百分比计算，或按拟安装设备的重量乘以每吨的所需安装费比例进行估算。

2. 生物资产的估算。生物资产的估算应区分以下几种情况：

（1）外购生物资产的成本，包括购买价款、相关税费、运输费、保险费以及可直接归属于购买该资产的其他支出。

（2）自行营造或繁殖的生产性生物资产的成本，应当按照下列规定确定：

1）自行营造的苗木、经济林等生产性生物资产的成本，包括达到预定生产经营目的前发生的造林费、抚育费、营林设施费、良种试验费、调查设计费和应分摊的间接费用等必要支出。

2）自行繁殖的产畜、役畜和种鱼的成本，包括达到预定生产经营目的（成龄）前发生的饲料费、人工费和应分摊的间接费用等必要支出。

达到预定生产经营目的，是指生产性生物资产进入正常生产期，可以多年连续稳定产出农产品、提供劳务或出租。

（3）自行营造的公益性生物资产的成本，应当按照郁闭前发生的造林费、抚育费、保护费、营林设施费、良种试验费、调查设计费和应分摊的间接费用等必要支出确定。

生物资产在达到预定生产经营目的后发生的饲养、管护费用等后续支出，不应计入生物资产成本，应当计入当期损益。

3. 农业工程建设其他费用的估算。农业工程建设其他费用的取费标准应根据政府相关部门有关规定并结合项目的具体情况确定。

4. 预备费估算。预备费估算包括基本预备费估算和涨价预备费估算两部分。

（1）基本预备费估算。基本预备费等于农业建筑工程费、农业田间工程费、农业安装工程费、生物资产、农机具及仪器设备费、工程建设其他费用之和乘以基本预备费率。

（2）涨价预备费的估算。涨价预备费的计算公式为：

$$PF = \sum_{t=1}^{n} I_t\left[(1+f)^t - 1\right]$$

式中 PF——涨价预备费；

n——建设期年份数；

I_t——建设期中第 t 年的投资计划额，包括农业建筑工程费、农业田间工程费、农业安装工程费、生物资产、农机具及仪器设备费、工程建设其他费；

f——年均投资价格上涨率。

2.7 建设期利息估算

估算建设期利息，需要根据项目进度计划，提出建设投资分年计划，列出各年投资额，并明确其中的外汇和人民币。

估算建设期利息，应注意名义年利率和有效年利率的换算。将名义年利率折算为有效年利率的计算公式为：

$$i = \left(1 + \frac{r}{m}\right)^m - 1$$

式中 i——有效年利率；

r——名义年利率；

m——每年计息次数。

当建设期用自有资金按期支付利息时，可不必进行换算，直接采用名义年利率计算建设期利息。

计算建设期利息时，为了简化计算，通常假定借款均在每年的年中支用，借款当年按半年计息，其余各年份按全年计息，计算公式如下：

（1）采用自有资金付息时，按单利计算：

各年应计利息 =（年初借款本金累计 + 本年借款额/2）×名义年利率

（2）采用复利方式计息时：

各年应计利息 =（年初借款本息累计 + 本年借款额/2）×有效年利率

对有多种借款资金来源，每笔借款的年利率各不相同的项目，既可分别计算每笔借款的利息，也可先计算出各笔借款加权平均的年利率，并以加权平均利率计算全部借款的利息。

项目建议书阶段，可简化作粗略估算，计入建设投资；可行性研究阶段，不涉及国外贷款的项目，也可简化作粗略估计后计入建设投资。

在项目评价中，对于分期建成投产的项目，应注意按各期投产时间分别停止借款费用的资本化，即投产后继续发生的借款费用不作为建设期利息计入固定资产原值，而是作为运营期利息计入总成本费用。

2.8 流动资金估算

1．项目运营需要流动资产投资，但项目评价中需要估算并预先筹措的是从流动资产中扣除流动负债（应付账款）后的流动资金。项目评价中流动资金的估算应考虑应付账款对需要预先筹措的流动资金的抵减作用。对有预收账款的某些项目，还可同时考虑预收账款对流动资金的抵减作用。

2．流动资金的估算可选用分项详细估算法或扩大指标法。农产品加工业项目的流动资金估算一般采用分项详细估算法，种植业和养殖业项目可采用扩大指标估算法。

3．分项详细估算法是对流动资产和流动负债主要构成要素即存货、现金、应收账款、预付账款以及应付账款和预收账款等几项内容分项进行估算，计算公式为：

流动资金 = 流动资产 - 流动负债

流动资产 = 应收账款 + 预付账款 + 存货 + 现金

流动负债 = 应付账款 + 预收账款

流动资金本年增加额 = 本年流动资金 - 上年流动资金

流动资金估算的具体步骤是首先确定各分项最低周转天数，计算出周转次数，然后进行分项估算。

（1）周转次数的计算：

周转次数 = 360 天/最低周转天数

各类流动资产和流动负债的最低周转天数参照同类企业的平均周转天数并结合项目特点确定，或按行业规定，在确定最低周转天数时应考虑储存天数、在途天数，并考虑适当的保险系数。

（2）流动资产估算：

1）存货的估算。存货是指企业在日常生产经营过程中持有以备出售，或者仍然处在生产过程，或者在生产或提供劳务过程中将消耗的材料或物料等，包括各类材料、商品、在产品、半成品和产成品等。为简化计算，项目评价中仅考虑外购原材料、燃料、其他材料、在产品和产成品，并分项进行计算。计算公式为：

存货 = 外购原材料、燃料 + 其他材料 + 在产品 + 产成品

外购原材料、燃料 = 年外购原材料、燃料费用/分项周转次数

其他材料 = 年其他材料费用/其他材料周转次数

在产品 =（年外购原材料、燃料动力费用 + 年工资及福利费 + 年修理费 + 年其他制造费用）/在产品周转次数

产成品 = （年经营成本 - 年营业费用）/产成品周转次数

2）应收账款估算。应收账款是指企业对外销售商品、提供劳务尚未收回的资金，计算公式为：

应收账款 = 年经营成本/应收账款周转次数

3）预付账款估算。预付账款是指企业为购买各类材料、半成品或服务所预先支付的款项，计算公式为：

预付账款 = 外购商品或服务年费用金额/预付账款周转次数

4）现金需要量估算。项目流动资金中的现金是指为维持正常生产运营必须预留的货币资金，计算公式为：

现金 = （年工资及福利费 + 年其他费用）/现金周转次数

年其他费用 = 制造费用 + 管理费用 + 营业费用 -（以上三项费用中所含的工资及福利费、折旧费、摊销费、修理费）

（3）流动负债估算。流动负债是指将在一年（含一年）或者超过一年的一个营业周期内偿还的债务，包括短期借款、应付票据、应付账款、预收账款、应付工资、应付福利费、应付股利、应交税金、其他暂收应付款项、预提费用和一年内到期的长期借款等。在项目评价中，流动负债的估算可以只考虑应付账款和预收账款两项。计算公式为：

应付账款 = 外购原材料、燃料动力及其他材料年费用/应付账款周转次数

预收账款 = 预收的营业收入年金额/预收账款周转次数

4．采用扩大指标估算法应按照以下方法来估算流动资金：

流动资金额 = 经营成本 × 经营成本资金率

经营成本资金率根据农业生产的性质和生产周期的长短确定，其取值一般是：多年生木本作物（成熟缓慢，一年一熟）100%，一年生作物100%，一年一熟80% ~100%，一年两熟40% ~60%，一年多熟的作物或家畜业20% ~40%。

5．流动资金估算需要注意的问题：

（1）在项目评价中，最低周转天数取值对流动资金估算的准确程度有较大影响。在确定最低周转天数时应根据项目的特点，投入和产出性质、供应来源以及各分项的属性，并考虑保险系数分项确定。

（2）当投入物和产出物采用不含税价格时，估算中应注意将销项税额和进项税额分别包括在相应的年费用金额中。

（3）流动资金一般应在项目投产前开始筹措。为了简化计算，流动资金可在投产第一年开始安排，并随生产运营计划的不同而有所不同，因此流动资金的估算应根据不同的生产运营计划分年进行。

（4）用详细估算法计算流动资金，需以经营成本及其中的某些科目为基数，因此实际上流动资金估算应在经营成本估算之后进行。

3 资金来源与融资方案

3.1 融资方案的确定及作用

融资主体和资金来源，重点研究如何确定项目的融资主体以及项目资本金（即项目权益资金，下同）、项目债务资金的来源渠道和方式；融资方案，从资金来源的可靠性、资金结构、融资成本及融资风险等各个侧面对初步融资方案进行分析，结合融资后财务分析，比选、确定拟建项目的融资方案。

融资方案与投资估算、财务分析密切相关。一方面，融资方案必须满足投资估算确定的投资额及其使用计划对投资数额、时间和币种的要求；另一方面，不同方案的融资后财务分析结论，也是比选、确定融资方案的依据，而融资方案确定的项目资本金和项目债务资金的数额及相关融资条件又为进行资本金盈利能力分析、项目偿债能力分析、项目财务生存能力分析等财务分析提供了必需的基础数据。

3.2 融资主体

分析、研究项目的融资渠道和方式，提出项目的融资方案，应首先确定项目的融资主体。项目的融资主体是指进行融资活动，并承担融资责任和风险的项目法人单位和农户。正确确定项目的融资主体，有助于顺利筹措资金和降低债务偿还风险。

融资分析应注意区分经营性农业建设项目和非经营性农业建设项目两类不同项目的不同特点。经营性农业建设项目的融资主体一般以企业或农户为主，政府为辅；非经营性农业建设项目的融资主体一般以政府为主，企业或农户为辅。

当建设项目所需的资金是各类政府投资时，包括预算内投资、各类专项建设基金、统借国外贷款，政府即为项目融资主体。政府投资可以分别采取直接投资、资本金注入、投资补助、转贷和贴息贷款等方式。

确定企业作为项目的融资主体时，应考虑项目投资的规模和行业特点，项目与既有法人资产、经营活动的联系，既有法人财务状况，项目自身的盈利能力等因素。

1. 在下列情况下，一般应以既有法人为融资主体：

（1）既有法人具有为项目进行融资和承担全部融资责任的经济实力；

（2）项目与既有法人的资产以及经营活动联系密切；

（3）项目的盈利能力较差，但项目对整个企业的持续发展具有重要作用，需要利用既有法人的整体资信获得债务资金。

2. 在下列情况下，一般应以新设法人为融资主体：

（1）拟建项目的投资规模较大，既有法人不具有为项目进行融资和承担全部融资责任的经济实力；

（2）既有法人财务状况较差，难以获得债务资金；而且项目与既有法人的经营活动联系不密切；

(3) 项目自身具有较强的盈利能力，依靠项目自身的盈利可以按期偿还债务。

3.4　既有法人融资与新设法人融资

农业建设项目企业融资主要包括既有法人融资方式和新设法人融资方式。

1. 既有法人融资方式是以既有法人为融资主体的融资方式。采用既有法人融资方式的建设项目，既可以是改扩建项目，也可以是非独立法人的新建项目。

既有法人融资方式的基本特点是：由既有法人发起项目、组织融资活动并承担融资责任和风险；建设项目所需的资金，来源于既有法人内部融资、新增资本金和新增债务资金；新增债务资金依靠既有法人整体（包括拟建项目）的盈利能力来偿还，并以既有法人整体的资产和信用承担债务担保。

以既有法人融资方式筹集的债务资金虽然用于项目投资，但债务人是既有法人。债权人可对既有法人的全部资产（包括拟建项目的资产）进行债务追索，因而债权人的债务风险较低。在这种融资方式下，不论项目未来的盈利能力如何，只要既有法人能够保证按期还本付息，银行就愿意提供信贷资金。因此，采用这种融资方式，必须充分考虑既有法人整体的盈利能力和信用状况，分析可用于偿还债务的既有法人整体（包括拟建项目）的未来的净现金流量。

2. 新设法人融资方式是以新组建的具有独立法人资格的项目企业为融资主体的融资方式。采用新设法人融资方式的建设项目，项目法人大多是企业法人。社会公益性项目和某些基础设施项目也可能组建新的事业法人实施。采用新设法人融资方式的建设项目，一般是新建项目，但也可以是将既有法人的一部分资产剥离出去后重新组建新的项目法人的改扩建项目。

新设法人融资方式的基本特点是：由项目发起人（企业或政府）发起组建新的具有独立法人资格的项目企业，由新组建的项目企业承担融资责任和风险；建设项目所需资金的来源，可包括项目企业股东投入的资本金和项目企业承担的债务资金；依靠项目自身的盈利能力来偿还债务；一般以项目投资形成的资产、未来收益或权益作为融资担保的基础。

采用新设法人融资方式，项目发起人与新组建的项目企业分属不同的实体，项目的债务风险由新组建的项目企业承担。项目能否还贷，取决于项目自身的盈利能力，因此必须认真分析项目自身的现金流量和盈利能力。

项目企业股东对项目企业借款提供多大程度的担保，也是融资方案研究的内容之一。实力雄厚的股东，为项目企业借款提供完全的担保，可以使项目企业取得低成本资金，降低项目的融资风险；但担保额度过高会使其资信下降，同时股东担保也可能需要支付担保费，从而增加项目企业的费用支出。在项目本身的财务效益好、投资风险可以有效控制的条件下，可以减少项目企业股东的担保额度。

3.5　资本金的来源渠道和筹措方式

1. 项目资本金的特点。项目资本金是指在建设项目总投资中，由投资者认缴的出资额，对建设项目来说是非债务性资金，项目法人不承担这部分资金的任何利息和债务；投资者可按其出资的比例依法享有所有者权益，也可转让其出资，但不得以任何方式抽回。

资本金是确定项目产权关系的依据，也是项目获得债务资金的信用基础。资本金没有固定的按期还本付息压力。股利是否支付和支付多少，视项目投产运营后的实际经营效果而定，因此，项目法人的财务负担较小。

2. 项目资本金的出资方式。投资者可以用货币出资，也可以用实物、工业产权、非专利技术、土地使用权、资源开采权等作价出资。作价出资的实物、工业产权、非专利技术、土地使用权和资源开采权，必须经过有资格的资产评估机构评估作价；其中以工业产权和非专利技术作价出资的比例一般不得超过项目资本金总额的20%（经特别批准，部分高新技术企业可以达到35%以上）。

为了使建设项目保持合理的资产结构，应根据投资各方及建设项目的具体情况选择项目资本金的出资方式，以保证项目能顺利建设并在建成后能正常运营。

3. 项目资本金的来源渠道和筹措方式。

（1）股东直接投资。股东直接投资包括政府授权投资机构入股资金、国内外企业入股资金、社会团体和个人入股的资金以及基金投资公司入股的资金，分别构成国家资本金、法人资本金、个人资本金和外商资本金。

既有法人融资项目，股东直接投资表现为扩充既有企业的资本金，包括原有股东增资扩股和吸收新股东投资。

新设法人融资项目，股东直接投资表现为项目投资者为项目提供资本金。合资经营公司的资本金由企业的股东按股权比例认缴，合作经营公司的资本金由合作投资方按预先约定的金额投入。

（2）股票融资。无论是既有法人融资项目还是新设法人融资项目，凡符合规定条件的，均可以通过发行股票在资本市场募集股本资金。股票融资可以采取公募与私募两种形式。公募又称公开发行，是在证券市场上向不特定的社会公众公开发行股票。为了保障广大投资者的利益，国家对公开发行股票有严格的要求，发行股票的企业要有较高的信用，符合证券监管部门规定的各项发行条件，并获得证券监管部门批准后方可发行。私募又称不公开发行或内部发行，是指将股票直接出售给少数特定的投资者。

（3）政府投资。政府投资，包括各级政府的财政预算内资金、国家批准的各种专项建设基金、统借国外贷款、土地批租收入、地方政府按规定收取的各种费用及其他预算外资金等。政府投资主要用于关系国家安全和市场不能有效配置资源的经济和社会领域，包括加强公益性和公共基础设施建设，保护和改善生态环境，促进欠发达地区的经济和社会发展，推进科技进步和高新技术产业化。

政府投资，国家根据资金来源、项目性质和调控需要，分别采取直接投资、资本金注入、投资补助、转贷和贷款贴息等方式，并按项目安排使用。

在项目评价中，对投入的政府投资资金，应根据资金投入的不同情况进行不同的处理：

1）全部使用政府直接投资的项目，一般为非经营性项目，不需要进行融资方案分析。

2）以资本金注入方式投入的政府资金，在项目评价中应视为权益资金。

3）以投资补贴、贷款贴息等方式投入的政府资金，对具体项目来说，既不属于权益资金，也不属于债务资金，在项目评价中应视为一般现金流入（补贴收入）。

4）以转贷方式投入的政府资金（统借国外贷款），在项目评价中应视为债务资金。

3.6 项目债务资金的来源渠道和筹措方式

1. 项目债务资金的特点。债务资金是项目投资中以负债方式从金融机构、证券市场等资本市场取得的资金。债务资金具有以下特点：

（1）资金在使用上具有时间性限制，到期必须偿还；

（2）无论项目的融资主体今后经营效果好坏，均需按期还本付息，从而形成企业的财务负担；

（3）资金成本一般比权益资金低，且不会分散投资者对企业的控制权。

2. 项目债务资金的来源渠道和筹措方式。

（1）商业银行贷款。商业银行贷款是我国建设项目获得短期、中长期贷款的重要渠道。

国内商业银行贷款手续简单、成本较低，适用于有偿债能力的建设项目。

（2）政策性银行贷款。政策性银行贷款一般期限较长，利率较低，是为配合国家产业政策等的实施，对有关的政策性项目提供的贷款。

我国政策性银行有国家开发银行、中国进出口银行和中国农业发展银行。

（3）外国政府贷款。外国政府贷款是一国政府向另一国政府提供的具有一定的援助或部分赠予性质的低息优惠贷款。

目前我国可利用的外国政府贷款主要有：日本国际协力银行贷款、日本能源贷款、美国国际开发署贷款、加拿大国际开发署贷款，以及德国、法国等国的政府贷款。

我国各级财政可以为外国政府贷款提供担保，按照财政担保方式分为三类：国家财政部担保、地方财政厅（局）担保、无财政担保。

（4）国际金融组织贷款。国际金融组织贷款是国际金融组织按照章程向其成员国提供的各种贷款。目前与我国关系最为密切的国际金融组织是国际货币基金组织、世界银行和亚洲开发银行。国际金融组织一般都有自己的贷款政策，只有这些组织认为应当支持的项目才能得到贷款。使用国际金融组织的贷款需要按照这些组织的要求提供资料，并且需要按照规定的程序和方法来实施项目。

1）国际货币基金组织贷款。国际货币基金组织的贷款只限于成员国财政和金融当局，不与任何企业发生业务，贷款用途限于弥补国际收支逆差或用于经常项目的国际支付，期限为1~5年。

2）世界银行贷款。世界银行贷款期限较长。一般为20年左右，最长可达30年，宽限期为5年。贷款利率实行浮动利率，随金融市场利率的变化定期调整，但一般低于市场利率。对已订立贷款契约而未使用的部分，要按年征收0.75%的承诺费。世界银行通常对其资助的项目只提供货物和服务所需要的外汇部分，约占项目总额的30%~40%，个别项目可达50%。但在某些特殊情况下，世界银行也提供建设项目所需要的部分国内费用。贷款程序严密，审批时间较长。借款国从提出项目到最终同世界银行签订贷款协议获得资金，一般要一年半到两年时间。

3）亚洲开发银行贷款。亚洲开发银行贷款分为硬贷款、软贷款和赠款。硬贷款是由亚行普通资金提供的贷款，贷款的期限为10~30年，含2~7年的宽限期，贷款的利率为浮动利率，每年调整一次。软贷款又称优惠利率贷款，是由亚行开发基金提供的贷款，贷款的期限为40年，含10年的宽限期，不收利息，仅收1%的手续费，此种贷款只提供还款能力有限的发展中国家。赠款资金由技术援助特别基金提供。

3.7 资金来源的可靠性分析和资金结构的合理性分析

1. 资金来源可靠性分析。资金来源可靠性分析应对投入项目的各类货币在币种、数量和时间要求上是否能够满足项目需要进行以下几个方面的分析：

（1）既有法人内部融资的可靠性分析，主要包括：

1）通过调查了解既有企业资产负债结构、现金流量状况和盈利能力，分析企业的财务状况，可能筹集到并用于拟建项目的现金数额及其可靠性；

2）通过调查了解既有企业资产结构现状及其与拟建项目的关联性，分析企业可能用于拟建项目的非现金资产数额及其可靠性。

（2）项目资本金的可靠性分析，主要包括：

1）既有法人融资方式的项目，应分析原有股东增资扩股和吸收新股东投资的数额及可靠性；

2）新设法人融资方式的项目，应分析各投资者认缴的股本金数额及可靠性；

3）采用上述两种融资方式，如通过发行股票筹集资本金，应分析其获得批准的可能性。

（3）项目债务资金的可靠性分析，主要包括：

1）采用债务融资的项目，应分析其能否获得国家有关主管部门的批准（如农业综合开发性项目、扶贫开发贷款项目等）；

2）采用银行贷款的项目，应分析其能否取得银行的贷款承诺（如小额贷款项目、农业高技术产业化示范工程项目等）；

3）采用外国政府贷款或国际金融组织贷款的项目，应核实项目是否列入利用外资备选项目。

2. 资金结构合理性分析。资金结构合理性分析是指对项目资本金与项目债务资金、项目资本金内部结构以及项目债务资金内部结构等资金比例的合理性进行的分析。

（1）项目资本金与项目债务资金的比例。

1）项目资本金与项目债务资金的比例是项目资金结构中最重要的比例关系。项目投资者希望投入较少的资本金，获得较多的债务资金，尽可能降低债权人对股东的追索。而提供债务资金的债权人则希望项目能够有较高的资本金比例，以降低债权的风险。当资本金比例降低到银行不能接受的水平时，银行将会拒绝贷款。资本金与债务资金的合理比例需要由各个参与方的利益平衡来决定。

资本金所占比例越高，企业的财务风险和债权人的风险越小，可能获得较低利率的债务资金。债务资金的利息是在所得税前列支的，可以起到合理减税的效果。在项目的收益不变、项目投资财务内部收益率高于负债利率的条件下，由于财务杠杆的作用，资本金所占比例越低，资本金财务内部收益率就越高，同时企业的财务风险和债权人的风险也越大。因此，一般认为，在符合国家有关资本金（注册资本）比例规定、符合金融机构信贷法规及债权人有关资产负债比例的要求的前提下，既能满足权益投资者获得期望投资回报的要求、又能较好地防范财务风险的比例是较理想的资本金与债务资金的比例。

2）按照我国有关法规规定，从1996年开始，对各种经营性国内投资项目试行资本金制度。投资项目资本金占总投资的比例，根据不同行业和项目的经济效益等因素确定，农业行业的项目资本金比例为20%及以上。

作为计算资本金基数的总投资，是指投资项目的固定资产投资（即建设投资和建设期利息之和）与铺底流动资金之和。

3）确定项目资本金与项目债务资金的比例应符合下列要求：

①符合国家法律和行政法规规定；

②符合金融机构信贷规定及债权人有关资产负债率的要求；

③满足权益投资者期望投资收益的要求；

④满足防范财务风险的要求。

（2）项目资本金内部结构比例。项目资本金内部结构比例是指项目投资各方的出资比例。不同的出资比例决定各投资方对项目建设和经营的决策权和承担的责任，以及项目收益的分配。确定项目资本金内部结构应考虑符合下列几个方面：

1）采用新设法人融资方式的项目，应根据投资各方在资金、技术和市场开发方面的优势，通过协商确定各方的出资比例、出资形式和出资时间。

2）采用既有法人融资方式的项目，项目的资金结构要考虑既有法人的财务状况和筹资能力，合理确定既有法人内部融资与新增资本金在项目融资总额中所占的比例，分析既有法人内部融资与新增资本金的可能性与合理性。既有法人将现金资产和非现金资产投资于拟建项目长期占用，将使企业的财务流动性降低，其投资额度受到企业自身财务资源的限制。

3）国内投资项目，应分析控股股东的合法性和合理性；外商投资项目，应分析外方出资比例的合法性和合理性。

（3）项目债务资金结构比例。项目债务资金结构比例反映债权各方为项目提供债务资金的数额比例、债务期限比例、内债和外债的比例，以及外债中各币种债务的比例等。在确定项目债务资金结构比例时，可借鉴下列经验：

1）根据债权人提供债务资金的条件（包括利率、宽限期、偿还期及担保方式等）合理确定各类借款和债券的比例，以降低融资成本和融资风险。

2）合理搭配短期、中长期债务比例。适当安排一些短期负债可以降低总的融资成本，但过多采用短期负债，会产生财务风险。大型基础设施项目的负债融资应以长期债务为主。

3）合理安排债务资金的偿还顺序。尽可能先偿还利率较高的债务，后偿还利率低的债务。对于有外债的项目，由于有汇率风险，通常应先偿还硬货币（指货币汇率比较稳定、且有上浮趋势的货币）的债务，后偿还软货币（指汇率不稳定、且有下浮趋势的货币）的债务。应使债务本息的偿还不致影响企业正常生产所需的现金量。

4）合理确定内债和外债的比例。内债和外债的比例主要取决于项目用汇量。从项目本身的资金平衡考虑，产品内销的项目尽量不要借用外债，可以采用投资方注入外汇或者以人民币购汇。

5）合理确定利率结构。当资本市场利率水平相对较低，且有上升趋势时，尽量借固定利率贷款；当资本市场利率水平相对较高，且有下降趋势时，尽量借浮动利率贷款。

3.8 资金成本分析

1. 资金成本是指项目为筹集和使用资金而支付的费用，包括资金占用费和资金筹集费。资金成本通常用资金成本率表示。资金成本率是指使用资金所负担的费用与筹集资金净额之比，其公式为：

$$资金成本率=\frac{资金占用费}{筹集资金总额-资金筹集费}$$

由于资金筹集费一般与筹集资金总额成正比，所以一般用筹资费用率表示资金筹集费，因此资金成本率公式也可以表示为：

$$资金成本率=\frac{资金占用费}{筹集资金总额\times(1-筹资费用率)}$$

2. 债务资金成本由债务资金筹集费和债务资金占用费组成。债务资金筹集费是指债务资金筹集过程中支付的费用，如承诺费、发行手续费、担保费、代理费以及债券兑付手续费等；债务资金占用费是指使用债务资金过程中发生的经常性费用，如贷款利息和债券利息。

含筹资费用的税后债务资金成本的表达式为：

$$P_0(1-F)=\sum_{t=1}^{m}\frac{I_t}{(1+K_d)}+\sum_{t=m+1}^{n}\frac{P_t+I_t(1-T)}{(1+K_d)^t}$$

式中 P_0——债券发行额或长期借款金额，即债务现值；

F——债务资金筹资费用率；

I_t——债务约定付息额；

P_t——约定的第 t 年末偿还债务本金；

K_d——所得税后债务资金成本；

T——所得税率；

m——建设期；

n——计算期。

上述公式中，等号左边是债务人的实际现金流入；等号右边为债务引起的未来现金流出的现值总额。本公式中未计入债券兑付手续费（可忽略不计）。项目建设期不可能使用利息避税，而运营期的利息可以避税，所以在上式中利息分两段计算。

3. 权益资金成本的估算比较困难，因为很难对项目未来的收益以及股东对未来风险所要求的风险溢价做出准确的测定。可采用的计算方法主要有：资本资产定价模型法、税前债务成本加风险溢价法和股利增长模型法。

（1）采用资本资产定价模型法，权益资金成本的计算公式为：

$$K_S=R_f+\beta(R_m-R_f)$$

式中 K_S——权益资金成本；

R_f——社会无风险投资收益率；

β——项目的投资风险系数；

R_m——市场投资组合预期收益率。

（2）采用税前债务成本加风险溢价法，权益资金成本的计算公式为：

$$K_S = K_b + RP_c$$

式中　K_S——权益资金成本；

K_b——所得税前的债务资金成本；

RP_c——投资者比债权人承担更大风险所要求的风险溢价。

（3）采用股利增长模型法，权益资金成本的计算公式为：

$$K_S = \frac{D_1}{P_0} + G$$

式中　K_S——权益资金成本；

D_1——预期年股利；

P_0——普通股市价；

G——普通股利年增长率。

4. 为了比较不同融资方案的资金成本，需要计算加权平均资金成本。加权平均资金成本一般是以各种资金占全部资金的比重为权数，对个别资金成本进行加权平均确定的，其计算公式为：

$$K_W = \sum_{j=1}^{n} K_j W_j$$

式中　K_W——加权平均资金成本；

K_j——第 j 种个别资金成本；

W_j——第 j 种个别资金成本占全部资金的比重。

4 财务成本费用与财务效益估算

4.1 财务成本费用与财务效益

财务成本费用与财务效益是财务分析的必要基础，其估算的准确性与可靠程度直接影响财务分析结论。将财务成本费用与财务效益估算作为细则的独立内容，即为强调其重要性。

4.2 财务成本费用与效益估算原则

成本费用与效益估算应遵循“有无对比”原则，应正确识别和估算“有项目”和“无项目”状态的成本费用与效益。

农业建设项目财务成本费用与效益估算应以项目的目标作为鉴别标准，减少项目农户和企业等参加单位增量收益的事项都是成本费用，增加这些单位增量收益的事项都是效益。

成本费用与效益的估算应遵循有无对比的原则。“有无对比”是国际上项目评价中通用的成本费用与效益识别的基本原则。所谓“有项目”是指实施项目后的将来情况，“无项目”是指不实施项目时的将来状况。需要注意的是，“无项目”不等于未实施项目的现有状态，农业建设项目成本费用与效益可能会随着农业自然生长的过程而发生变化，可根据项目具体情况选用固定法、历史推算法或对照法确定无项目状态。

在识别农业建设项目的成本费用与效益时，只有“有无对比”的差额部分（即增量部分）才是由于项目建设增加的成本费用和效益。采用有无对比的方法，是为了识别那些应该算作项目效益的部分，即增量效益，排除那些由于其他原因产生的效益；同时也要找出与增量效益相对应的增量费用，只有这样才能真正体现项目投资的净效益。

4.3 财务成本费用与效益的正确估算

农业建设项目财务成本费用与效益估算应在总体上与现行财务、会计以及税收制度等规定相适应的前提下，保持成本费用和效益的对应一致，即在合理确定的项目范围内，对等地估算农户或企业等财务主体的直接效益以及相应的成本费用。

由于农业建设项目具有多元化生产特征，如果农户或企业在项目所涉及生产活动上的投入和产出受到其他生产活动的影响，应将农户或企业作为一个整体进行分析，以避免对中间投入物和产出物的遗漏或重复计算，从而正确估算出农业建设项目的成本费用与效益。例如，农户饲料种植项目的效益往往体现在农户的牲畜饲养活动上，此时必须把农户的饲料种植和牲畜饲养活动作为一个系统，避免对中间投入物重复计算，才可能准确反映项目投资的真正效益。

4.4 农业建设项目总成本费用

农业建设项目总成本费用是指在运营期内为生产农产品或提供相关服务所发生的全部费用，等于经营成本与折旧费、摊销费和财务费用之和，具体包括土地、劳动力、原材料等重复性生产要素成本和资本、技术等一次性生产要素费用。由于项目经营成本具有特定的构成与估算方法，农业建设项目一般采用生产要素法估算总成本费用。

1. 折旧费估算。折旧费的估算依据为固定资产原值，即项目投产时（达到预定可使用状态）按规定由投资形成固定资产的部分。固定资产在使用过程中会受到磨损，其价值损失通过提取折旧的方式得以补偿。

按照形成资产法，固定资产原值包括形成固定资产的有关建设投资（含各项预备费）及建设期利息。农业建设项目一般采用直线法（主要是年限平均法）提取固定资产折旧，折旧年限、预计净残值率应结合项目固定资产的技术经济特征，在税法允许的范围内由项目参与主体自行确定或按具体行业规定。

农业建设项目中可持续保持自我生长以便重复收获产品的生产性生物资产可长期使用，但不同子行业又有明显差异，因此对于达到预定生产经营目的的不同种类的生产性生物资产，折旧期限的设定应有不同。例如，成年奶牛的折旧年限可以设定为10年，而果、桑、茶树等经济作物为5~15年。

固定资产折旧年限平均法的计算公式为：

年折旧率=（1-预计净残值率）/折旧年限×100%

年折旧额=固定资产原值×年折旧率

2. 摊销费估算。按照形成资产法，无形资产和其他资产原值为形成无形资产和其他资产的建设投资。按有关规定，无形资产和其他资产从开始使用之日起，在项目运营期内摊入总成本费用。摊销期限应注意符合税法的要求。农业建设项目无形资产和其他资产摊销费的估算一般采用平均年限法，不计残值。

3. 财务费用估算。财务费用是指项目运营期内为筹集所需资金而发生的费用，包括利息支出、汇兑损失以及相关的手续费等，通常只考虑利息支出。财务费用估算依据包括项目运营期内约定还款期限的建设投资借款和通常约定最后年度还款的流动资金借款，应根据还本付息计划分别按照当年建设投资长期借款、流动资金借款与各自的利率估算。

（1）长期借款利息是指建设期间借款余额（含未支付的建设期利息）应在生产期支付的利息，农业建设项目经济评价一般选择等额还本付息照付方式来计算长期借款利息。

设 A_t 为第 t 年的还本付息额，则有：

$$A_t = I_c/n + I_c \times [1 - (t-1)/n] \times i$$

式中 I_c——借款本金（还款起始年年初的借款余额，含未支付的建设期利息）；

n——预定的还款年限；

i——年利率。

每年偿还本金 $= I_c/n$；

每年支付利息=年初借款余额（含未支付的建设期利息）×年利率，即第 t 年支付的

利息 = $I_c \times [1-(t-1)/n] \times i$。

（2）流动资金借款利息一般按期末偿还、期初再借的方式处理，其计算公式为：

年流动资金借款利息 = 年初流动资金借款余额 × 流动资金借款年利率

（3）如存在短期借款，按照随借随还的原则处理，即当年借款尽可能于下年偿还，其利息计算同流动资金借款利息。

4.5 农业建设项目经营成本的估算

经营成本是项目经济评价中所使用的特定概念。作为项目现金流量表中运营期现金流出的主体部分，经营成本与融资方案无关，可为项目融资前分析提供数据。

农业建设项目经营成本具有很强的行业特点，具体包括土地租金和品种使用费、外购生产资料和原材料、外购燃料和动力、修理费、职工薪酬和其他费用。

1. 运营期分年支付的土地租金和品种使用费。土地租金和品种使用费若采取一次性支付的方式，则按照相关会计规定计提摊销。

2. 外购生产资料和原材料。其中，种植业项目的生产资料包括种子（苗）、肥料、农药、农膜、水等；养殖业项目的生产资料包括饲料、兽药、胚胎或冻精、水等；原材料主要是指经收获及出售后退出生物转化过程的仔畜禽、鱼苗等消耗性生物资产。

3. 外购燃料和动力。外购燃料和动力包括电、煤、气等，需要根据年耗用量估算，采用入库价格并考虑途库损耗。

4. 修理费。根据项目特点，修理费按照建筑与设备等各类固定资产原值（扣除所含建设期利息）的一定百分数分别估算，修理费率一般保持不变。

5. 职工薪酬。职工薪酬是指为获得职工提供的服务而给予各种形式的报酬以及其他相关支出。经营性农业建设项目应参考当地的工资水平，按全部新增人员数量确定，同时注意项目管理人员、技术人员和生产人员的工资差异；非经营性农业建设项目职工薪酬应包括所有财政预算人员及外聘人员的工资和福利。按照新颁布的《劳动合同法》，必须缴纳的各项社会保险费用应计入职工薪酬。

6. 其他费用。经营性农业建设项目的其他费用包括其他制造费用、其他管理费用和其他营业费用，是指分别从制造费用、管理费用和营业费用中扣除了折旧费、摊销费、修理费、职工薪酬以后的其余部分，一般情况下其他制造费用按固定资产原值（扣除所含建设期利息）的百分数或人员定额估算，其他管理费用按人员定额或取职工薪酬总额的倍数估算，其他营业费用按营业收入的百分数估算；非经营性农业建设项目的其他费用可按照项目机构办公费用、项目人员差旅费用、项目设施管护费用等分项列示和估算。

4.6 农业建设项目经营成本估算表的编制

经营成本是项目运营期的主要现金流出，对项目的财务分析结果有很大的直接影响，特别是农产品加工项目的规模较大，其经营成本的构成复杂。因此，农业建设项目经营成本估算表应明确列示各项成本费用科目及其估算值。各项经营成本的估算应编制辅助报表，如外购生产资料和原材料费用估算表、外购燃料和动力费用估算表和职工薪酬估算表等，对构成经营成本的各项成本费用进行详细分项估算，尽可能预测准确，不得仅仅编制项目经营成本估算表或项目总成本费用估算表。

4.7 种植业和养殖业项目经营成本的行业特征

种植业和养殖业建设项目的经营成本应充分考虑动植物在不同年度生长发育的实际状况，结合技术参数分年估算。

按照自然生长规律，动植物在不同年度的生长发育状况会有所区别，如种植业受品种本身和外部自然环境影响，生长发育的差异性较大，如果树一般3年才能挂果、天然橡胶定植后第8年才能开割；畜禽养殖中存在畜禽周转结构的变化，肉牛、奶牛、肉鸡、肉鸭、生猪等的生产周期各不相同；水产养殖中亦因品种不同而存在很大的生产差异。因此农业建设项目在进入运营期后，经营成本会因产出时间不同而发生阶段性变化，应结合项目具体的技术方案及其技术参数分年度估算。

4.8 多农户参与的农业建设项目经营成本

在多农户参与的农业建设项目经济评价中，由于参加农户数量众多，无法对每个农户进行财务分析，因此可把项目区按不同的特点划分成若干类型或部门，选择能够代表这一类型的典型农户作为模式农户，调查模式农户无项目状态下和参与项目后的生产生活情况，在此基础上进行财务预测，最后以各种模式农户的加权汇总来推算项目整体的分析方法称之为模式农户分析法。

模式农户一般采用分类随机抽样法和分类等距抽样法两种选取样本的方法，前者先将项目区内农户按照经济活动或区域的差异划分为若干类型，然后在各类别中用随机抽样的方法选择模式农户；后者则在分类的基础上按照某一标志（如生产规模或收入水平）将农户顺序排队，然后按相等距离或间隔抽取模式农户。

模式农户的确定，既要考虑项目和参与项目农户的实际情况，使得抽取的模式农户有较好的代表性，又要考虑可以承受的分析成本。应综合考虑这两个因素来确定模式农户的数量。

在采用模式农户分析法估算多农户参与的农业建设项目经营成本时，应特别注意土地、劳动力和原材料等特殊投入物的估价方法。

1. 土地是农业建设项目最重要的自然资源。农户自有土地的价值已体现在有无项目对比中（有项目和无项目状态都一样），因此在财务成本估算中无需另外计价，而租赁土地则按实际支付的租金计价。

2. 农村劳动力市场化程度不高，农户通常采用自成一体的家庭经营模式，具有明显的半商品化生产特征。农户自有劳动力应该参照当地农业劳动力的机会成本计价，但是还要根据不同工作时间的不同价格，采用确实能够反映农户自有劳动力真实价值的加权平均价；而外雇劳动力则按实际雇工的市场价计价。

3. 农业建设项目原材料的供应渠道分为农户自产和外购。农户外购的项目原材料，以外购市场价作为计价基础；农户自产的项目原材料，应以可能的售价作为计价基础，难以出售的则不予计价。若原材料的自产数量发生变化，还需要充分考虑由此而需要的外购原材料变化对经营成本的影响。

4.9 农业建设项目财务效益

农业建设项目财务效益是指项目实施后所获得的营业收入，与项目的性质和目标直接相关，分为市场化运作的经营性农业建设项目与为社会提供（准）公共产品或服务的非经营性农业建设项目两种情形。

经营性农业建设项目的财务效益主要包括营业收入和补贴收入，非经营性农业建设项目财务效益主要是有偿服务收入和补贴收入。

营业收入的估算基础为项目农产品或服务的价格与数量，与市场预测密切相关。因此，在估算营业收入时应对市场预测的相关结果以及项目产品或服务方案、建设规模进行概括性描述或确认，特别应分析采用的价格基点、体系和预测方法，对采用价格的合理性进行说明。同时，应根据技术成熟度、市场开发程度、产品寿命期、需求量变化等因素，结合项目自身特点制定运营计划，合理确定各期的运营负荷（农产品或服务的数量）。

补贴收入应根据国家相关政策或项目有关规定估算。在估算时，应注意根据财政税务部门的规定，区分为应税和不应税补贴收入两种类型。

有偿服务收入的估算基础是项目每年可能提供的有偿服务数额和收费标准。有偿服务数额应遵循增量原则进行合理估算；收费标准的估算应符合政府相关政策规定，考虑受益者的承受能力，并应遵循“非盈利性”原则，以弥补项目运营费用为目的，不可高估。

4.10 农业建设项目产品价格

农业建设项目产品主要是生产加工的农产品，其价格体系应与财务成本与费用估算所采用的保持一致。项目运营期内，所采用的财务成本费用和效益预测价格可根据项目具体情况，选用固定价格或者考虑了相对价格变化的变动价格。增值税一般都不计入投入与产出物的价格，但应单独计算，为产出物销项税额与投入物进项税额之差。

按照估价审慎原则，农业建设项目同种（质量、功能无差异）产品的价格一般应保持与无项目状态时收获高峰时的交付价格相同。当然，很多农业建设项目产品价格有季节性波动，应选择农产品平均市场价格，若市场体系得到了明显改善，则应适当提高季节价；若农产品质量得到了明显提升，应适当提高等级价。此时，就应根据有关统计数据并结合市场供求状况，采用一定方法预测农产品价格。

需要注意的是，农业建设项目产品价格应采用项目参与主体可获得的销售价而不是项目产品市场零售价，只有剔除了市场流通环节的因素才能够准确反映项目的财务效益，避免对其高估。例如，对于一个农户农业生产项目，项目农产品的价格应采用农户销售农产品的“大门交付价格”，即项目农户第一次在最近销售地点的农产品销售价格计价，而不能采用农产品在流通和零售环节的价格；同样，项目农户购买的生产资料应按实际购买价而非出厂价或批发价计价。

4.11 农业建设项目财务效益的行业特征

按照成本费用与效益相对应的原则，财务效益与经营成本一样受自然生长规律影响，农业建设项目财务效益会因产出时间不同而发生阶段性变化，应充分考虑动植物在不同生长年份的产量差异（价格也会有所不同），结合项目具体的技术方案及其技术参数分年度估算财务效益。如果树定植后一般3年开始挂果，第6~8年进入盛果期，从初果期到盛果期各年份的产量有着明显差异。

另外，在多农户参与的农业建设项目中模式农户具有半商品化生产特征，自用部分的产品数量应与销售部分一起计入财务效益（即产值），从而与财务成本费用（仅为经营成本）保持数量上的一致。

4.12 农业建设项目税费

农业建设项目的税费一般有关税、增值税、营业税金及附加（营业税、消费税、城市维护建设税和教育费附加）、所得税等，作为营业税金附加，城市维护建设税和教育费附加的计算依据是包括增值税、营业税、消费税等在内的流转税额。农业建设项目的具体税种及税率选择应根据税法、有关政策和项目实际情况确定，以合理估算项目税费。

以企业为建设主体的农业建设项目普遍实行包括所得税在内的各种减免税优惠，应说明政策依据及减免方式并按照相关规定估算，同时应注意按有关税法对所得税前扣除项目的要求，正确计算应纳税所得额。在当前国家实行多项支农惠农措施的政策框架下，多农户参与的农业建设项目中模式农户一般无需再缴纳税费，其税费估算可忽略不计。

4.13 分层分析法

我国实行家庭承包制，农户经营普遍较为分散，农业建设项目多采取龙头企业、合作社等经济组织带动农户发展农业产业化经营的模式，此时应运用分层分析法进行经济评价。即对参与项目的龙头企业（或合作社等）、农户、政府公共服务机构等不同参与主体分别进行财务成本费用、财务效益估算，在此基础上分别进行财务分析以判断不同项目参与主体参与农业建设项目的经济可行性。

参与农业建设项目的龙头企业（或合作社等）、农户、政府公共服务机构等主体处于纵向一体化的连续环节，因此对某一个参与主体构成财务效益的科目，对另一个利益主体则构成了财务成本费用。为准确进行财务分析，应分别计入各自效益与成本费用。如农户为龙头企业提供动植物中间产品，按照收购价计算出来的中间产品价值分别计入农户的销售收入和龙头企业的原材料成本。

4.14 成本费用与效益估算表格

根据项目具体情况，财务成本费用与效益的估算表格分为以企业为建设主体的农业建设项目、多农户参与的农业建设项目两种经营性农业建设项目和非经营性农业建设项目。

按照生产要素法的要求，以企业为建设主体的农业建设项目财务成本费用估算表格为：财务效益估算表格为营业收入、营业税金及附加和增值税估算表，总成本费用估算表和包括外购生产资料和原材料、外购燃料和动力、固定资产折旧、无形资产和其他资产摊销及职工薪酬在内的成本费用分项估算表。

多农户参与的农业建设项目财务成本费用与效益估算表格为：模式农户固定投入估算表和模式农户生产投入产出调查/预测表。模式农户固定投入估算表用于估算模式农户参与项目时的房屋、圈舍、农机具和生产性生物资产等固定投入。模式农户生产投入产出调查/预测表用于估算模式农户从事种植、养殖及其他经济活动时的产值和经营成本。

下，初步设定融资方案，再进行融资后分析。另外，在项目建议书这一初期研究阶段，可简化为只进行融资前分析。

5.5 融资前分析

农业建设项目融资前分析只进行盈利能力分析，并以动态分析（折现分析）为主，静态分析（非折现分析）为辅。

1. 融资前动态分析考察整个计算期内项目的现金流入与流出，编制项目投资现金流量表，利用资金时间价值的原理进行折现，计算项目投资内部收益率和净现值等指标。

按照现金流量与融资方案无关的原则，融资前项目投资现金流量分析的现金流量主要包括农业建设项目的营业收入、建设投资、流动资金、经营成本、营业税金及附加和所得税。为体现与融资方案无关的原则，各项现金流量的估算中都需要剔除利息的影响，如经营成本中的修理费和其他费用估算过程中应扣除所含利息。

现金流入主要是农产品销售等营业收入，还可能包括各种财政补贴收入，在计算期的最后一年还包括回收固定资产余值及回收流动资金。现金流出主要包括建设投资、流动资金、经营成本、营业税金及附加和所得税，运营期内发生的生产性生物资产等维持运营投资也应作为现金流出。净现金流量（现金流入与现金流出之差）是计算财务分析指标的基础。

2. 融资前静态分析可计算投资回收期（静态）指标和总投资收益率指标，分别用以反映收回项目投资所需要的时间和总投资的盈利水平。

3. 融资前项目投资现金流量分析，根据需要可从所得税前和（或）所得税后两个角度进行考察，选择计算所得税前和（或）所得税后指标，两者均为息前角度。

所得税后分析是所得税前分析的延伸，所得税前和所得税后分析的现金流入完全相同，现金流出略有不同，所得税前分析不将所得税作为现金流出，而所得税后分析视所得税为现金流出，因此所得税前分析用以考察项目方案本身所决定的财务盈利能力，不受融资方案和所得税政策变化的影响，可作为参与农业建设项目企业初步投资决策的主要指标，应受到项目投资人、银行金融机构和政府管理部门等利益相关方的广泛关注，也特别适用于项目建设方案的比选；所得税后分析可用于在融资的条件下判断项目投资对企业价值的贡献，是参与农业建设项目企业最终投资决策依据的主要指标。

为剔除利息的影响，项目投资现金流量表中的“所得税”应根据息税前利润乘以所得税率计算，称为“调整所得税”。

5.6 融资后分析

农业建设项目融资后分析既包括盈利能力分析，又包括偿债能力分析和财务生存能力分析等内容，其中盈利能力分析同样以动态分析（折现分析）为主，静态分析（非贴分析）为辅。

1. 融资后动态分析包括项目资本金现金流量分析和投资各方现金流量分析两个层次，两者均从所得税后角度考察。

（1）项目资本金现金流量分析应在拟定融资方案下，从项目资本金出资者整体的角度，确定其现金流入和现金流出，编制项目资本金现金流量表，利用资金时间价值的原理进行折现，计算项目资本金财务内部收益率指标，考察项目资本金可获得的收益水平。

项目资本金现金流量表将各年投入的项目资本金作为现金流出，各年缴付的所得税和还本付息也作为现金流出，因此其净现金流量是缴税和还本付息之后的剩余，计算出来的项目资本金内部收益率指标反映了从投资者整体权益角度考察盈利能力的要求。最低可接受收益率是项目资本金内部收益率的判别基准，其主要取决于当时的资本收益水平以及投资者对权益资金收益的要求，这又与资金机会成本和投资者对风险的态度有关。

（2）投资各方现金流量分析应从投资各方实际收入和支出的角度，确定其现金流入和现金流出，分别编制投资各方现金流量表，计算投资各方的财务内部收益率指标，考察投资各方可能获得的收益水平。一般情况下，投资各方按股本比例分配利润、分担亏损及风险，因此投资各方的利益均等，没必要计算投资各方的内部收益率。只有当投资各方不按股本比例进行分配或有其他不对等的收益时，需进行投资各方现金流量分析，由此看出各方收益的非均衡程度，促成投资各方在项目合作谈判中达成协议。

2. 融资后静态分析不采取折现方式处理数据，主要依据利润与利润分配表，并借助现金流量表计算项目资本金净利润率和总投资收益率等相关指标。融资后静态分析可根据项目的具体情况选做。

作为项目融资决策和投资者最终决定出资的依据，融资后分析是项目可行性研究的必要组成部分，待可行性研究报告完成后，还需要进一步深化融资后分析，才能完成最终融资决策。

5.7　盈利能力的主要分析指标

农业建设项目盈利能力分析主要指标是项目投资财务内部收益率和财务净现值（融资前）、项目资本金财务内部收益率（融资后），其他指标可根据具体项目的特点及财务分析的目的、要求等选用。

5.8　偿债能力分析

利息备付率、偿债备付率等指标，是考察建设项目能否按期偿还借款的主要指标。如果能够得知或根据经验设定借款偿还期，可直接计算利息备付率、偿债备付率；如果难以设定借款偿还期，也可先大致估算出借款偿还期，再采用适宜方法计算出每年还本付息的金额，代入公式计算利息备付率、偿债备付率。其中，借款偿还期按下式估算：

$$\text{借款偿还期} = \text{借款偿还后开始出现盈余年份} - \text{开始借款年份} + \text{当年借款额}/\text{当年可用于还款的资金额}$$

按照有关法规，融资租赁固定资产可视同购置的固定资产计提折旧，同时按税法规定，融资租赁费用不应在所得税前扣除，因此项目经济评价中融资租赁费用的支付可视作偿还本金处理，按要求的期限和数额逐年偿还。

5.9　财务生存能力分析

在农业建设项目（企业）运营期间，确保从各项经济活动中得到足够的净现金流量是项目能够持续生存的条件。财务分析中应根据财务计划现金流量表，综合考虑项目计算期内各年的投资、融资和经营活动所产生的各项现金流入和流出，计算净现金流量和累计盈余资金，分析项目是否有足够的净现金流量维持正常运营。

财务生存能力分析应结合偿债能力分析进行，如果拟安排的还款期过短，致使还本付息负担过重，导致为维持资金平衡必须筹借的短期借款过多，可以调整还款期以减轻各年还款负担。通常因运营期前期的还本付息负担较重，此阶段财务生存能力分析应特别注意。

项目财务生存能力可通过两个相辅相成的方面作具体判断：一是拥有足够的经营净现金流量是财务可持续的基本条件，特别是运营期前期，否则实现自身资金平衡的可能性小，有可能依靠短期融资维持运营；二是各年累计盈余资金不出现负值是财务生存的必要条件，一旦出现负值应适时进行短期融资，该短期融资应体现在财务计划现金流量表中，其利息也应纳入成本费用及之后的估算。

5.10 多主体参与的经营性农业建设项目财务分析

我国农业建设项目尤其是经营性项目中，较多采取龙头企业、合作社等经济组织带动农户发展农业产业化经营的纵向一体化模式，所以除企业外，参与经营性农业建设项目的利益主体还有农户、合作经济组织和政府公共服务机构等。

对于参与主体众多的经营性农业建设项目，只有当每一个（类）具有独立财务利益的参与主体在财务上可行而且项目总体财务上可行时，该农业建设项目才能被认为具有财务可行性，否则就会因某个或多个参与主体的财务利益难以实现致使项目无法正常建设和运行。

为此，应使用分层分析法来进行多主体参与的经营性农业建设项目财务分析，从不同参与主体的角度分析各自参与本项目的盈利水平。若因处于农业经营产业链的不同环节，导致大多数参与主体的盈利水平较好，而个别参与主体盈利水平或财务可持续性较差，可以在参与主体之间进行利益分配机制的调整，从而满足全部参与主体达到相应盈利水平或财务可持续性的要求，以保障农业建设项目的正常运营，特别是农户一般处于弱势地位，其财务利益需特别注意保护。

5.11 模式农户财务分析

对于多农户参与的农业建设项目，应按照模式农户分析方法，在模式农户成本费用与效益估算的基础上，以模式农户现金流量表为依据进行财务分析，包括盈利能力分析和还款能力分析两个方面。

1. 模式农户盈利能力分析。模式农户盈利能力分析可通过实地调查或预测的有无项目状态下投入产出（成本收益）数据，直接估算出增量现金流量，编制模式农户现金流量表，分别计算融资前和融资后模式农户的内部收益率和净现值等税后动态指标（按现行政策，农户不用缴纳所得税等各种税费），判断模式农户参与项目的盈利能力。

模式农户融资前的现金流入为种植、养殖业等活动产值，现金流出包括农户项目固定投入和种植、养殖业等活动经营成本；融资后增量净现金流量为融资前增量净现金流量与净筹资之和，其中净筹资是贷款流入和政府补贴等现金流入减去还本付息等现金流出之值，相关数据由项目的政府补贴方案和贷款计划及还本付息方案确定。

2. 模式农户还款能力分析。

在运用模式农户还款资金盈余/缺口的计算公式时，有几个关键点必须注意：

（1）由于农户一般都从事多元化的生产活动，在项目活动之外，农户往往还有其他的生产活动，从其他生产活动中也取得收入。因此，对农户还款能力的考察，不能仅仅考虑农户参与项目活动可以获得的收入，还必须把农户其他的经济收入来源也考虑进来作为还款资金的来源之一。所以，农户还款资金盈余/缺口计算公式中的“有项目状态运营期当年的现金收入”包括了农户在有项目状态下可以获得的各项经济活动的现金收入而不仅仅是农户所参与项目的现金收入；同样的，当年农户的生产现金支出也包含了农户一切生产性活动所需要的现金支出而不仅仅是项目生产所需的现金支出。

（2）由于农户既是生产单元、又是生活单元，而农户必须用现金来还款，因此，在计算农户还款能力时，必须注意扣除农户所生产的、供自家消费所需的农产品的产值，用“现金净收入”而非“净产值”来作为还款资金来源。

（3）同样的，考虑到农户既是生产单元、又是生活单元，还款计划不能影响到农户正常的生活，因此，在还款资金来源中，还必须扣除农户家庭的正常生活消费现金支出。只有还款计划不严重影响到农户的家庭生活消费时，还款风险才可能降低，还款计划才有可能实现。

5.12　多农户参与的农业建设项目财务分析

对于以农户为建设主体的农业建设项目，应在模式农户财务分析基础上，进行项目总体盈利水平的分析。

为此，多农户参与的农业建设项目财务分析步骤为：首先以模式农户增量现金流量表为基础汇总出模式农户所在的小区现金流量表，在小区内农户数量较多时可采用平均模式农户或加权模式农户法；然后以小区现金流量表为基础，根据项目分年实施计划，考虑未分摊到模式农户投资中的公共投资，推算项目整体的综合财务现金流量表。

5.13　政府公共服务机构和合作经济组织财务分析

政府公共服务机构和合作经济组织虽然参与经营性农业建设项目，但本身具有明显的非经营性组织特征，更多是追求参与项目企业带动农户收入提高等社会效益目标。因此，可以参照评价方法 5.14 所述的非经营性农业建设项目评价方法对合作经济组织和政府公共服务机构进行财务分析。

5.14　非经营性农业建设项目的财务分析

非经营性农业建设项目需要进行财务分析的原因在于，即便对于一个公益型项目，尽管潜在良好的社会效益，但是如果项目建成之后本身长期收不抵支，项目将难以维持正常的运转，项目运营将不具有可持续性，其潜在的社会效益也就将无从实现。而有一些农业非经营性建设项目，尽管政府财政投资方不以盈利为目的，但项目本身可能会具有一定的盈利性。对于这类项目，不仅要确保项目财务收支的平衡，还要考察项目财务效益的好坏，以确保项目整体效益的发挥。

1. 对没有营业收入或只有少量服务性收入的纯公益性农业建设项目，不进行盈利能力分析，主要考察项目财务生存能力。

拥有足够的经营净现金流量是财务可持续的基本条件，特别是在运营初期。一个项目具有较大的经营净现金流量，说明项目方案比较合理，实现自身资金平衡的可能性大，不会过分依赖短期融资来维持运营；反之，一个项目不能产生足够的经营净现金流量，或经营净现金流量为负值，说明维持项目正常运行会遇到财务上的困难，项目方案缺乏合理性，实现自身资金平衡的可能性小，有可能要短期融资来维持运营；或者是非经营项目本身无能力实现自身资金平衡，提示要靠政府补贴。

各年累计盈余资金不出现负值是财务生存的必要条件。在整个运营期间，容许个别年份的净现金流量出现负值，但不能容许任一年份的累计盈余资金出现负值。一般出现负值时应适时进行短期融资，该短期融资应体现在财务计划现金流量表中，同时短期融资的利息也应纳入成本费用和其后的计算。较大的或较频繁的短期融资，有可能导致以后的累计盈余资金无法实现正值，致使项目难以持续运营。

项目财务生存能力分析可以依托“项目资本金现金流量表”（表9－2）来进行，通过计算项目在运营期的净现金流量和累计净现金流量来考察项目实现自身资金平衡的能力。

2. 对于有营业收入及盈利要求的非经营性农业建设项目，应进行动态盈利能力分析来考察项目财务上是否可行。

在进行动态盈利能力分析时应注意，分析的重点在于项目资本金现金流量分析。这是因为，对于此类政府投资或补贴的非经营性农业建设项目，并不要求项目总体上具有财务盈利能力，否则就没有必要申请政府补贴了；但是，在获取政府补贴之后，项目必须在财务上是可行的，否则，项目将失去对项目业主的吸引力。

如果此类项目的全部投资均来自于政府财政资金，没有项目业主的出资，那么，可采用财务生存能力分析的相关方法进行项目的财务分析，不需要进行财务盈利能力分析。

5.15　农业建设项目的财务基准收益率

项目财务分析中，财务基准收益率是对可货币化的项目成本费用与效益采用折现方法计算财务净现值的基准折现率，这是项目财务可行性和方案比选的主要依据，反映了项目预期收益率的最低限额，项目投资目标、投资者偏好及所属行业对其均有重要影响。实际工作中，应根据项目性质使用或参考有关主管部门发布的行业财务基准利率。

农业是国民经济的基础，但仍属于弱质产业，因此决定了农业建设项目财务基准收益率不高。同时，农业内部不同行业不同产业环节盈利水平也存在差别，因此农业建设项目的财务基准收益率应按照具体行业和产业环节做进一步细分。一般情况下，企业从事农产品加工销售项目适用于农副产品加工业的财务基准收益率，相对较高；农户从事农产品生产项目适用于种植业、畜牧业和渔业的财务基准收益率，相对较低。当然，财务基准收益率还可以根据投资人意图和项目具体情况做出一定调整。总体的原则是，企业投资项目可以由投资者依据资金机会成本（或资金成本）并充分考虑项目可能面临的风险确定，或参考使用有关主管部门发布的农业行业财务基准收益率；而政府投资项目的财务分析应采用国家有关主管部门发布的农业行业财务基准收益率。

根据国家发改委和建设部颁布的《建设项目经济评价方法与参数》（第三版）的规定，农业建设项目的参考财务基准收益率为：种植业6%、畜牧业7%、渔业7%、农副食品加工业 8%（融资前税前）；种植业 6%、畜牧业 9%、渔业 8%、农副食品加工业 8%（资本金税后）。

现金流量分析一般不考虑价格总水平变动因素，财务基准收益率通常也因此要剔除其影响。但考虑到所得税的影响，农业建设项目融资前税前和资本金税后的参考财务基准收益率会有所不同。

5.16 财务分析报表

财务分析表格分为以企业为建设主体的农业建设项目、多农户参与（以农户为建设主体）的农业建设项目两种经营性农业建设项目和非经营性农业建设项目。

以企业为建设主体的农业建设项目财务分析表格为：项目投资现金流量表、项目资本金现金流量表、投资各方现金流量表和参照企业会计报表格式的利润与利润分配表、财务计划现金流量表、资产负债表、借款还本付息计划表。其中，现金流量分析表格用于分析项目的盈利能力；资产负债表用于分析项目的偿债能力；财务计划现金流量表用于分析项目的财务生存能力；借款还本付息计划表和利润与利润分配表为项目财务分析的直接数据来源。

多农户参与的农业建设项目财务分析表格为：模式农户借款还本付息计划表、模式农户现金流量表和模式农户还款能力计算表，其中模式农户现金流量表用于分析模式农户的盈利能力；模式农户还款能力计算表用于分析模式农户的还款能力；模式农户借款还本付息计划表是以上两表的基础数据来源之一。

非经营性农业建设项目财务分析表格为项目财务收支平衡状况表、项目资本金财务现金流量表，其中项目财务收支平衡状况表用于纯公益性的非经营性项目；项目资本金财务现金流量表用于有一定盈利要求的非经营性项目。

6　经济费用效益分析

6.1　经济费用效益分析的作用

经济费用效益分析用于评价项目的经济合理性，是项目投资决策（包括不同角度的分析和评价）的主要内容之一。

进行项目评价应重视建设项目的经济费用效益分析，主要理由如下：①经济费用效益分析是项目评价方法体系的重要组成部分，市场分析、技术方案分析、财务分析、环境影响分析、组织机构分析和社会评价都不能代替经济费用效益分析的功能和作用；②经济费用效益分析是市场经济体制下政府对公共项目进行分析评价的重要方法，是市场经济国家政府部门干预投资活动的重要手段；③在新的投资体制下，国家对项目的审批和核准重点放在项目的外部效果、公共性方面，经济费用效益分析强调从资源配置经济效率的角度分析项目的外部效果，通过费用效益分析及费用效果分析的方法判断建设项目的经济合理性，是政府审批或核准项目的重要依据。

从资源合理配置的角度，分析项目投资的经济效率和对社会福利所做出的贡献，评价项目的经济合理性。其主要目的包括：①全面识别整个社会为项目付出的代价，以及项目为提高社会福利所做出的贡献，评价项目投资的经济合理性；②分析项目的经济费用效益流量与财务现金流量存在的差别，以及造成这些差别的原因，提出相关的政策调整建议；③对于市场化运作的基础设施等项目，通过经济费用效益分析来论证项目的经济价值，为制订财务方案提供依据；④分析各利益相关者为项目付出的代价及获得的收益，通过对受损者及受益者的经济费用效益分析，为社会评价提供依据。

6.2　需要进行经济费用效益分析的项目范围

1．经济费用效益分析的理论基础是新古典经济学有关资源优化配置的理论。从经济学的角度看，经济活动的目的是通过配置稀缺经济资源用于生产产品和提供服务，尽可能地满足社会需要。当经济体系功能发挥正常，社会消费的价值达到最大时，就认为是取得了“经济效率”，达到了帕累托最优。

2．在现实经济中，依靠两种基本机制来实现这种目的。一是市场定价机制，通过此种机制，厂商对由市场供求水平决定的价格作出反应，并据此从事自利的经济活动；二是政府部门通过税收补贴、政府采购、货币转移支付，以及为企业运行制定法规等，进行资源配置的决策活动，从而影响社会资源的配置状况。

在完全竞争的完善的市场经济体系下，竞争市场机制能够对经济资源进行有效配置，产出物市场价格将以货币形态反映边际社会效益，而投入物的市场价格将反映边际社会机会成本。利润最大化自然会导致资源的有效配置，财务分析与经济费用效益分析的结论一致，不需单独进行经济费用效益分析。

在现实经济中，由于市场本身的原因及政府不恰当的干预，都可能导致市场配置资源的失灵，市场价格难以反映建设项目的真实经济价值，客观上需要通过经济费用效益分析来反映建设项目的真实经济价值，判断投资的经济合理性，为投资决策提供依据。

6.4 经济效益和经济费用的识别

1．经济效益和费用的识别遵循以下原则：

（1）增量分析的原则。项目经济费用效益分析应建立在增量效益和增量费用识别和计算的基础之上，不应考虑沉没成本和已实现的效益。应按照“有无对比”增量分析的原则，通过项目的实施效果与无项目情况下可能发生的情况进行对比分析，作为计算机会成本或增量效益的依据。

（2）考虑关联效应原则。应考虑项目投资可能产生的其他关联效应。

（3）以本国居民作为分析对象的原则。对于跨越国界，对本国之外的其他社会成员产生影响的项目，应重点分析对本国公民新增的效益和费用。项目对本国以外的社会群体所产生效果，应进行单独陈述。

（4）剔除转移支付的原则。转移支付代表购买力的转移行为，接受转移支付的一方所获得的效益与付出方所产生的费用相等，转移支付行为本身没有导致新增资源的发生。在经济费用效益分析中，税赋、补贴、借款和利息属于转移支付。一般在进行经济费用效益分析时，不得再计算转移支付的影响。

2．转移支付。一些税收和补贴可能会影响市场价格水平，导致包括税收和补贴的财务价格可能并不反映真实的经济成本和效益。在进行经济费用效益分析中，转移支付的处理应区别对待：

（1）剔除企业所得税对财务价格的影响。

（2）一些税收、补贴或罚款往往是用于校正项目“外部效果”的一种重要手段，这类转移支付不可剔除，可以用于体现外部效果。

（3）项目投入与产出中流转税应具体问题具体处理。

6.5 经济效益和经济费用的计算

1．具有市场价格的货物或服务，其费用或效益的计算。

（1）若该货物或服务处于竞争性市场环境中，市场价格能够反映支付意愿或机会成本，应采用市场价格作为计算项目投入物或产出物影子价格的依据。

（2）如果项目的投入物或产出物的规模很大，项目的实施将足以影响其市场价格，导致“有项目”和“无项目”两种情况下市场价格不一致，在项目评价实践中，取二者的平均值作为测算影子价格的依据。

（3）投入与产出的影子价格中增值税进项税与销项税按下列原则处理：

1）对于产出物，增加供给满足国内市场供应的，影子价格按支付意愿确定，含流转税；顶替原有市场供应的，影子价格按机会成本确定，不含流转税。

2）对于投入物，用新增供应来满足项目的，影子价格按机会成本确定，不含流转税；挤占原有用户需求来满足项目的，影子价格按支付意愿确定，含流转税。

3）在不能判别产出或投入是增加供给还是挤占（替代）原有供给的情况下，可简化处理为：产出的影子价格一般包含增值税销项税，投入的影子价格一般不含增值税销项税。

（4）对于直接出口或进口可外贸货物，其投入物或产出物价格应基于口岸价格进行计算，以反映其价格取值具有国际竞争力。计算公式为：

出口产出的影子价格（出厂价）=离岸价（*FOB*）×影子汇率-出口费用

进口投入的影子价格（到厂价）=到岸价（*CIF*）×影子汇率+进口费用

式中　离岸价（*FOB*）——出口货物运抵我国出口口岸交货的价格；

到岸价（*CIF*）——进口货物运抵我国进口口岸交货的价格，包括货物进口的货价、运抵我国口岸之前所发生的境外的运费和保险费。

进口或出口费用是指货物进出口环节在国内所发生的所有相关费用，包括运输费用、储运、装卸、运输保险等各种费用支出及物流环节的各种损失、损耗等。

（5）如果可外贸货物以财务成本或价格为基础调整计算经济费用和效益，应注意以下两点：

1）不存在关税、增值税、消费税、补贴等转移支付因素，则项目的投入物或产出物价值直接采用口岸价格进行调整计算。

2）在货物的进出口环节存在转移支付因素，应区分不同情况处理。

6.6　特殊投入物的影子价格的计算

1．项目实施所投入或节约的劳动力，是项目实施所付出的代价或所产生的效益。如果财务工资与人力资源的影子价格之间存在差异，应对财务工资进行调整计算，以反映其真实经济价值。

人力资源投入的影子价格=劳动力机会成本+新增资源消耗

劳动力机会成本的大小与劳动力的技术熟练程度和供求状况有关，技术熟练程度要求高及稀缺的劳动力，其机会成本高；技术熟练程度要求低及饱和的劳动力，其机会成本低。

（1）劳动力机会成本是拟建项目占用的人力资源由于在本项目使用而不能再用于其他地方或享受闲暇时间而被迫放弃的价值，应根据项目所在地的人力资源市场及劳动力就业状况，按下列原则进行分析确定：

1）过去受雇于别处，由于本项目的实施而转移过来的人员，其影子工资应是其放弃过去就业机会的工资（含工资性福利）及支付的税金之和。

2）对于自愿失业人员，影子工资应等于本项目的使用所支付的税后净工资额，以反映边际工人投入到劳动力市场所必须支付的金额。

3）非自愿失业劳动力的影子工资应反映他们为了工作而放弃休闲愿意接受的最低工资金额，其数值应低于本项目的使用所支付的税后净工资并大于支付的最低生活保障收入。当缺少信息，可以按非自愿失业人员接受的最低生活保障收入和税后净工资率的平均值近似测算。

（2）新增资源耗费是指劳动力在本项目新就业或由其他就业岗位转移到本项目而发生的经济资源消耗，而这种消耗与劳动者生活水平的提高无关。在分析中应根据劳动力就业的转移成本测算。

2．土地是一种重要的经济资源，项目占用的土地无论是否需要实际支付财务成本，均应根据土地用途的机会成本原则或消费者支付意愿的原则计算其影子价格。

(1) 生产性用地，主要指农业、林业、牧业、渔业及其他生产性用地，按照这些生产用地未来可以提供的产出物的效益及因改变土地用途而发生的新增资源消耗进行计算。

即：土地的经济成本 = 土地机会成本 + 新增资源消耗

其中，土地的机会成本应按照社会对这些生产用地未来可以提供的消费产品的支付意愿价格进行分析计算，一般按照项目占用土地在“无项目”情况下的“最佳可行替代用途”的生产性产出的净效益现值进行计算。

新增资源耗费应按照在“有项目”情况下土地的征用造成原有地上附属物财产的损失及其他资源耗费来计算。土地平整等开发成本应计入工程建设成本中，在土地经济成本估算中不再重复计算。

(2) 对于非生产性用地，如住宅、休闲用地等，应按照支付意愿的原则，根据市场交易价格测算其影子价格。

(3) 在经济费用效益分析中，应根据项目计算期内未来土地用途的可能变化，合理预测项目占用土地的影子价格。对土地机会成本的计算应按以下要求进行：

1）通过政府公开招标取得的国有土地出让使用权，以及通过市场交易取得的已出让国有土地使用权，应按市场交易价格计算其影子价格。

2）未通过正常市场交易取得的土地使用权，应分析价格优惠或扭曲情况，参照当地正常情况下的市场交易价格，调整或类比计算其影子价格。

3）当无法通过正常市场交易价格类比确定土地影子价格时，应采用收益现值法或以土地开发成本加开发投资应得收益确定。

4）由于土地开发规划许可的取得，会对土地市场价格产生影响，土地价值的估算应反映实际的或潜在的规划批准情况，应分析规划得到批准的可能性及其对地价的影响。如果土地用途受到限制，其影子价格就会被压低。应分析这些限制被解除的可能性，以及解除限制对土地价值的影响。

5）项目征用农村用地，应按土地征用费调整计算其影子价格。其中耕地补偿费及青苗补偿费应视为土地机会成本，地上建筑物补偿费及安置补偿费应视为新增资源消耗。这些费用如果与农民进行了充分协商并获得认可，可直接按财务成本计算其影子价格；若存在征地费优惠，或在征地中没有进行充分协商，导致补偿和安置补助费低于市场定价，应按当地正常征地补偿标准调整计算土地的影子价格。

6）在征地过程中收取的征地管理费、耕地占用税、耕地开垦费、土地管理费、土地开发费等各种税费，应视为转移支付，不列入土地经济费用的计算。

6.7 农业建设项目的经济效益在确认与计算中需要注意的问题

1. 按照“有无对比”原则，分析“有项目”和“无项目”两种情况下的费用变动趋势，尤其应重视对“无项目”情况下费用变动状况进行合理预测，通过增量分析估算费用节约的效益。

2. 从整个项目周期费用的角度进行分析，既要分析初始建设投资费用，也应分析运营期费用。

3．从广义费用的角度进行分析，既要分析项目实体付出的费用，也要分析各种间接费用、次级波及费用；既要分析货币量化的费用，又要分析非货币化的费用。

4．在费用分析中应注意避免重复计算。

6.9 外部效果的计算

外部效果通常包括间接效益和间接费用，它是由于项目的外部性所导致的项目对外部的影响，而项目的本身并未因此实际获得收入或支付费用。间接效益是由项目引起的，在直接效益中没有得到反映的效益，如技术扩散所产生的效益，项目使用劳动力而使得非技术劳动力经项目训练转为技术劳动力。间接费用是由项目引起而在项目的直接费用中没有得到反映的费用，如项目对自然环境造成的损害，项目产量大量出口从而引起该种产品出口价格下降等。

识别计算项目的外部效果不能重复计算。已经在直接效益和费用中计入的不应再在外部效果中计算。还应注意所考虑的外部效果是否应归于所评价的项目。为防止外部效果计算扩大化，一般只应计算一次相关效果。

可以采用项目范围的方法，解决项目外部效果计算上的困难。将项目的范围扩大，将具有关联性的几个项目合成一个“项目群”进行经济分析，将几个项目之间的相互支付转化为项目内部，从而相互抵消。

6.11 项目经济费用效益的折现

项目经济费用效益分析采用社会折现率对未来经济效益和经济费用流量进行折现。

社会折现率是用以衡量资金时间经济价值的重要参数，代表资金占用的机会成本，并且用作不同年份之间资金价值换算的折现率。社会折现率应根据经济发展的实际情况、投资效益水平、资金供求状况、资金机会成本、社会成员的费用效益时间偏好以及国家宏观调控目标取向等因素进行综合分析测定。社会折现率应该采用不考虑通货膨胀因素影响的实际折现率，而不应该是名义折现率。

6.13 经济费用效益分析的政策建议

经济费用效益分析一方面应从资源优化配置的角度，分析项目投资的经济合理性，另一方面应通过财务分析和经济费用效益分析结果的对比，分析市场的扭曲情况，判断政府公共投资是否有必要介入本项目的投资建设，并为改善本项目的财务状况、进行政策调整提出分析意见。因此，在建设项目的经济费用效益分析中，必须重视对策建议的分析。

1．经济费用效益分析强调以受益者支付意愿原则测算项目产出效果的经济价值，对于基础设施项目，是分析建设投资的经济价值及市场化运作能力的重要依据。

2．通过财务现金流量与经济费用效益流量的对比分析，判断二者出现的差异及其原因，分析项目所在行业或部门存在的导致市场失灵的现行政策，提出纠正政策干预失当、改革现行政策法规制度、提高部门效率的政策建议。

3．通过项目费用及效益在不同利益相关者之间分布状况的分析，评价项目对不同利益相关群体的影响程度，分析项目利益相关群体受益及受损状况的经济合理性。

6.14 经济费用效益分析报表

经济费用效益分析应编制项目投资经济费用效益流量表，经济费用效益流量表的编制，可以按照经济费用效益识别和计算的原则和方法直接进行，也可以在财务分析的基础上将财务现金流量转换为反映真正资源变动状况的经济费用效益流量。

1. 直接进行经济费用效益流量的识别和计算，基本步骤如下：

（1）对于项目的各种投入物，应按照机会成本的原则计算其经济价值；

（2）识别项目产出物可能带来的各种影响效果；

（3）对于具有市场价格的产出物，以市场价格为基础计算其经济价值；

（4）对于没有市场价格的产出效果，应按照支付意愿及接受补偿意愿的原则计算其经济价值；

（5）对于难以进行货币量化的产出效果，应尽可能地采用其他量纲进行量化。难以量化的，进行定性描述，以全面反映项目的产出效果。

2. 在财务分析基础上进行经济费用效益流量的识别和计算，基本步骤如下：

（1）剔除财务现金流量中的通货膨胀因素，得到以实价表示的财务现金流量；

（2）剔除运营期财务现金流量中不反映真实资源流量变动状况的转移支付因素；

（3）用影子价格和影子汇率调整建设投资各项组成，并剔除其费用中的转移支付项目；

（4）调整流动资金，将流动资产和流动负债中不反映实际资源耗费的有关现金、应收、应付、预收、预付款项，从流动资金计算中剔除；

（5）调整经营费用，用影子价格调整主要原材料、燃料及动力费用、工资及福利费等；

（6）调整营业收入，对于具有市场价格的产出物，以市场价格为基础计算其影子价格；对于没有市场价格的产出效果，以支付意愿或接受补偿意愿的原则计算其影子价格；

（7）对于可货币化的外部效果，应将货币化的外部效果计入经济效益费用流量；对于难以进行货币化的外部效果，应尽可能地采用其他量纲进行量化。难以量化的，进行定性描述，以全面反映项目的产出效果。

7 费用效果分析与影响效果分析

7.1 费用效果分析的含义

广义的费用效果分析泛指通过比较所达到的效果与所付出的耗费，用以分析判断所付出的代价是否值得。它是项目经济评价的基本原理。广义费用效果分析并不强调采用何种计量方式。狭义的费用效果分析专指耗费采用货币计量，效果采用非货币计量的分析方法。而效果和耗费均用货币计量的称为费用效益分析。项目评价中一般采用狭义的概念。

根据社会和经济发展的客观需要直接进行费用效果分析的项目，一般情况下，在充分论证项目必要性的前提下，重点是制订实现项目目标的途径和方案，并根据以尽可能少的费用获得尽可能大的效果原则，通过多方案比选，提供优先选定方案或进行方案优先次序排队，以供决策。正常情况下，进入方案比选阶段，不再对项目的可行性提出质疑，不可能得出无可行方案的结论。费用效果分析只能比较不同方案的优劣，不能像费用效益分析那样保证所选方案的效益大于费用，因此，更加强调充分挖掘方案的重要性。

7.2 费用效果分析的适用范围

对于国家明确规定应进行项目经济费用效益分析的农业建设项目，应按照评价方法第6章中规定的方法进行项目的经济费用效益分析。

费用效益分析和费用效果分析各有自身的优缺点和适用领域。

费用效益分析的优点是简洁、明了、结果透明，易于被人们接受。在市场经济中，货币是最为统一和认可的参照物，在不同产出物（效果）的叠加计算中，各种产出物的价格往往是市场认可的公平权重。总收入、净现金流量等是效果的货币化表达。财务盈利能力、偿债能力分析必须采用费用效益分析方法。在项目经济分析中，当项目效果或其中主要部分易于货币化时也采用费用效益分析方法。

费用效果分析回避了效果定价的难题，直接用非货币化的效果指标与费用进行比较，方法相对简单，最适用于效果难以货币化的领域。在农业建设项目中，环境的价值、生态的价值等往往很难定价，而且不同的测算方法可能有数十倍的差距。勉强定价，往往引起争议，降低评价的可信度。另外，在可行性研究的不同技术经济环节，如场址选择、工艺比较、设备选型、总图设计、环境保护、安全措施等等，无论进行财务分析，还是进行经济费用效益分析，都很难直接与项目最终的货币效益直接挂钩测算。这些情况下，都适宜采用费用效果分析。

费用效果分析既可以采用财务现金流量，也可以采用经济费用效益流量。用于前者，主要用于项目各个环节的方案比选，项目总体方案的初步筛选；用于后者，除了可以用于上述方案比选、筛选以外，对于项目主体效益难于货币化的，则取代费用效益分析，并作为经济分析的最终结论。

7.3 采用费用效果分析的项目所应满足的条件

费用效果分析的实质是比较为取得同等的效果，不同投资方案的投入成本。费用效果分析的过程是个多方案比选的过程。因此，采用这一方法时，要求有两个以上的备选方案供选择，并且要求备选方案应具有共同的目标（即效果），否则方案之间将不具有可比性；备选方案的资金用量不应突破资金限制，备选方案应具有可比的寿命周期。

7.4 费用效果分析的步骤

费用效果分析应当尽可能将项目目标转化为具体的可量化的指标，并有明确的最低要求。项目目标既可能是单一的，也可能是多目标的。多目标要分清目标的主次，选择必备目标作为考核内容，将其他次要目标仅作为项目的附带效果进行适当的分析。

根据项目目标探索不同的实现途径，构想和建立比较方案。比较方案多，则优选余地大。但方案应是切实可行的，较优秀的。不能满足项目最低要求的方案不可作为比较方案。

要对各个方案的效果和费用进行识别和测算。根据费用效果分析计算方法，综合比较、分析各个方案优缺点，推荐最佳方案或提出优先采用的次序。然后对评价的可靠性进行审查，分析疑点，考虑其他因素，最后作出决策。

7.5 项目费用的测算

项目费用应包含从项目投资开始到项目终结的整个期间内所发生的全部费用。

费用采用货币指标。正常情况下应计算包括投资、运营及寿命期末处理全过程的折现费用，即项目寿命周期费用。根据分析的需要和便利性，费用可以选用现值或年值。

寿命周期费用是项目从建设投资开始到项目终结整个过程期限内所发生的全部费用，包括投资、经营成本、末期资产回收和拆除、恢复环境的处置费用。寿命周期费用一般按现值计算或按年值计算。

7.6 项目效果分析的量纲

项目效果计量单位的选择，既要能够切实度量项目目标的实现程度，又要便于计算。

效果用非货币指标计算，应选择能真实反映项目目标实现程度的指标。例如，农村供水工程选用供水量（吨）、农村教育项目选用受教育人数等。效果指标有时可能是多个，需要采用加权平均方法处理为一个统一的当量。

7.7 费用效果分析的基本指标

$[E/C]_0$是该类项目的基准指标，即该类项目可行的最低要求，它用单位费用所应该达到的效果值表示。基准指标也可以采用其倒数形式，即单位效果可接受的费用，项目不得突破。

基准指标是项目可以接受的效果费用比的最低要求。基准指标决定因素较为复杂，受经济实力、技术水平、社会需求等多方面的影响，需按项目行业类别等专门制定。有些行业定额，可以作为测定基准指标的重要参考。基准指标有时也采用倒数形式，例如每吨供水的费用、农村学校每个学生的费用等，使用时要注意与分析计算公式保持一致。这里所说的费用是寿命周期费用，原则上避免简单化地用单位投资或单位运营成本代替。

7.8　费用效果分析的基本方法

在项目的效果有明确数量要求时，例如需要增加的供水量，采用达到相同目标所需费用最低的方案。当对费用有明确的规定时，例如扶贫款计划额度，采用相同费用的条件下效果最大的方案。

有时，各个方案的费用和效果都不固定，则必须进行增量分析，分析增加的效果与增加的费用相比是否值得。不可盲目选择效果与费用比值最大的方案。其原理与费用效益分析中不可盲目选择 *IRR*、*B/C* 最大的方案。这种情况下，需要首先确定效果与费用比值最低可以接受的基准指标 $[E/C]_0$，或最高可以接受的单位成本指标 $[C/E]_0$。当 $\Delta E/\Delta C \geqslant [E/C]_0$ 或 $\Delta C/\Delta E \leqslant [C/E]_0$ 时，选择费用高的方案，否则，选择费用低的方案。基准指标的确定需要根据国家经济状况、行业特点、以往同类项目 *E/C* 比值水平综合确定。

7.9　影响效果分析法

农业建设项目，特别是非经营性农业建设项目，其主要目标往往是社会效益和生态效益，而不是财务效益。农业建设项目的社会效益和生态效益主要体现在加强农业生产的科技水平、提高农业综合生产能力和农产品市场竞争力、增强农户的生产和创新技能、帮助贫困农户脱贫致富、提升项目区农业产业结构、确保国家粮食安全、维护项目区农村社会稳定和和谐、保护和改善项目区生态环境等诸多方面。对于农业建设项目的所能产生的社会效益和生态效益，必须加以详细描述和分析，以充分反映项目投资的合理性和必要性。

影响效果分析法不进行定量的费用效果指标的测算，而是通过描述项目实施后预计将产生的效果来对项目的社会效益和生态效益进行评价。目的是提供关于项目效果的描述性信息，供有关决策人员主观决策之用。

影响效果分析和费用效果分析之间不存在彼此替代的关系。对于难以进行经济费用效益分析的农业建设项目，都必须进行影响效果分析，以揭示效益的社会效益和生态效益；对于具备费用效果分析条件的农业建设项目，还必须进行项目的费用效果分析，以确保项目方案的优化选择，只有在项目方案难以进行项目的费用效果分析时，才可以只进行项目的影响效果分析。

7.10　影响效果分析的具体方法

项目影响效果的具体描述指标可根据具体农业建设项目的性质与内容来确定。对于可用量化语言描述的项目预期效果，应使用定量分析法，例如采取数量指标来反映项目产出物或受益者的数量，或者采取一些技术指标来反映项目对生产活动技术参数的影响；对于难以量化描述的项目预期效果，可使用定性分析法。

7.11　运用影响效果分析法应注意的问题

1. 由于影响效果分析法所分析的，是项目的各种社会效益和生态效益，因此，无论是对定量指标的测算，还是对项目效果的定性分析，都不应包括项目自身的财务效益。项目的财务效益应采用适当财务分析方法专门加以描述。

2. 一般来说，在货币指标不可得的情况下，采用数量化的指标能对项目效益进行最直观的描述，也最有助于对项目投资的经济合理性做出判断，因此，在影响效果分析中，数量指标是最优先应予以考虑的指标，只有在无法获取量化指标的情况下，才能采用定性描述的办法。

7.12 费用效果分析法应遵循的原则

只有项目增量投资所创造的增量效益（效果），才是项目的真正效益（效果）；不能简单以项目实施后的预计效益（效果）作为项目投资的效益（效果）。因此，在计算出来各类定量指标后，应结合有无项目情况下这些指标的情况进行对比分析，以充分说明项目所能产生的社会效益和生态效益。

无论是费用效果分析，还是作为替代方法的影响效果分析，都必须遵循“有无项目对比”的原则。

8　不确定性分析与风险分析

8.1　不确定性分析与风险分析的概念

1. 在农业项目财务估算和经济评价中，大量地使用了预测和估算数据，如投资、产量、价格和成本等。这些数据在不同程度上带有不确定性的成分，比如对产量的预测，我们只能在所占有的资料的基础上，通过对未来自然条件、技术条件和项目发展情况的预测，给定一个产量数值供项目经济评价使用。由于这个数值是综合以上种种因素而确定的，当这些条件发生变化时，或者这些条件没有发生所预想的变化时，那么用于经济评价的产量值就不能说明实际情况，经济评价的结果也就有了误差，从而具有不确定性。通过对拟建项目具有较大影响的不确定性因素进行分析，计算基本变量的增减变化引起项目财务或经济效益指标的变化，找出最敏感的因素及其临界点，预测项目可能承担的风险，可以使项目的投资决策建立在较为稳妥的基础上。

2. 风险是指未来发生不利事件的概率或可能性。农业建设项目经济风险是指由于不确定性的存在导致项目实施后偏离预期财务和经济效益目标的可能性。经济风险分析是通过对风险因素的识别，采用定性或定量分析的方法估计各风险因素发生的可能性及对项目的影响程度，揭示影响项目成败的关键风险因素，提出项目风险的预警、预报和相应的对策，为投资决策服务。经济风险分析的另一重要功能还在于它有助于在可行性研究的过程中，通过信息反馈，改进或优化项目设计方案，直接起到降低项目风险的作用。风险分析的程序包括风险因素识别、风险估计、风险评价与风险应对。

3. 不确定性分析与风险分析既有联系，又有区别，由于人们对未来事物认识的局限性，可获信息的有限性以及未来事物本身的不确定性，使得建设项目的实施结果可能偏离预期目标，这就形成了建设项目预期目标的不确定性，从而使项目可能得到高于或低于预期的效益，甚至遭受一定的损失，导致建设项目“有风险”。通过不确定性分析可以找出影响项目效益的敏感因素，确定敏感程度，但不知这种不确定性因素发生的可能性及影响程度。借助于风险分析可以得知不确定性因素发生的可能性以及给项目带来经济损失的程度。不确定性分析找出的敏感因素又可以作为风险因素识别和风险估计的依据。

8.2　盈亏平衡分析

1. 盈亏平衡分析是指项目达到设计生产能力的条件下，通过盈亏平衡点（*BEP*）分析项目成本与效益的平衡关系。盈亏平衡点是项目的盈利与亏损的转折点，即在这一点上，营业收入等于总成本费用，正好盈亏平衡。盈亏平衡点可以用来考察项目对产出物变化的适应能力和抗风险能力。盈亏平衡点越低，表明项目适应产出物变化的能力越大，抗风险能力越强。

2. 盈亏平衡点可以通过正常年份的产量、可变成本、固定成本、产品价格和销售税金及附加等数据计算。正常年份应选择还款期间的第一个达产年和还款后的年份分别计算以便分别给出最高和最低的盈亏平衡点区间范围。

3. 盈亏平衡分析分为线性盈亏平衡分析和非线性盈亏平衡分析，项目经济评价中仅进行线性盈亏平衡分析。线性盈亏平衡分析有以下四个假定条件：

（1）产量等于销售量，即当年生产的产品当年销售出去；

（2）产量变化，单位可变成本不变，即总成本费用是产量的线性函数；

（3）产量变化，产品售价不变，即销售收入是销售量的线性函数；

（4）产品结构稳定，当生产多种产品时，不同产品的生产负荷率的变化应保持一致。

4. 盈亏平衡点的计算。盈亏平衡点的表达形式可以用产量、产品售价和单位产品可变成本等绝对量表示，也可以用生产能力利用率等相对值表示。种植业项目、奶牛养殖项目投资完成后，一般要充分利用所有耕地资源和奶牛等生产资料，发挥全部生产能力，此类项目的盈亏平衡点分析原则上用产量、产品售价或单位产品可变成本表示；其他项目的盈亏平衡点分析一般采用生产能力利用率或产量表示。

$$BEP_{生产能力利用率} = \frac{年固定成本}{(年营业收入 - 年可变成本 - 年营业税金及附加)} \times 100\%$$

$$BEP_{产量} = \frac{年固定总成本}{(单位产品价格 - 单位产品可变成本 - 单位产品营业税金及附加)} \times 100\%$$

$$BEP_{销售价格} = \frac{年固定成本}{年产量} + 单位产品可变成本 + 单位产品营业税金及附加$$

$$BEP_{单位产品可变成本} = \frac{年营业收入 - 年固定成本 - 年营业税金及附加}{年产量} \times 100\%$$

8.3 敏感性分析

1. 敏感性分析是指一个项目的生存能力受主要可量化的变量变动影响的程度。敏感性分析是研究项目变量变化对基准情况（最大可能产出方案）影响的技术，一般只考虑各个变量向不利方向变化带来的影响。敏感性分析的目的在于：

（1）帮助识别影响项目成本流和效益流的主要变量。在农业项目的敏感性分析中，主要变量通常包括农产品价格、投资费用、生产成本、营业收入、原料价格等。

（2）分析主要变量可能的不利变化带来的后果。

（3）评估项目决策是否会受到这些变化的影响。

2. 敏感性分析包括单因素敏感性分析和多因素敏感性分析。单因素敏感性分析是每次只改变一个因素的数值来进行分析，估算单个因素的变化对项目效益产生的影响；多因素分析则是同时改变两个或两个以上因素进行分析，估算多因素同时发生变化的影响。为了找出关键的敏感因素，通常多进行单因素敏感性分析。

3. 敏感性分析方法。

（1）主要敏感因素可从下列范围中选择：

1）数量较大的变量。

2）数量虽然很小，但其价值对项目设计非常重要的关键变量。

3）在项目计算期初期出现的变量。

4）受经济变化影响的变量。

经验表明，农产品价格、建设投资、主要投入物价格、生产负荷、建设工期是农业项目的主要敏感因素。

（2）计算这些变量的可能变化对内部效益率和净现值的影响，并计算敏感度系数和临界点（或转换值）。

1）敏感度系数系指项目评价指标变化的百分率与敏感因素变化的百分率之比。敏感度系数高，表示项目效益对该敏感因素敏感程度高。计算公式为：

$$S_{AF} = \frac{\Delta A/A}{\Delta F/F}$$

式中　S_{AF}——评价指标 A 对于不确定因素 F 的敏感系数；

$\Delta F/F$——敏感因素 F 的变化率；

$\Delta A/A$——敏感因素 F 发生 ΔF 变化率时，评价指标 A 的相应变化率。

$S_{AF}>0$，表示评价指标与敏感因素同方向变化；$S_{AF}<0$，表示评价指标与不敏感因素反方向变化。$|S_{AF}|$ 较大者敏感度系数高。

2）临界点（转换值）是指敏感因素的极限变化，即该敏感因素使项目内部收益率等于基准收益率或净现值变为零时的变化百分率。临界点也可用该百分率对应的具体数值表示。当敏感因素的变化超过了临界点所表示的敏感因素的极限变化时，项目内部收益率指标将会转而低于基准收益率，表明项目将由可行变为不可行。

临界点的高低与设定的基准收益率有关。对于同一个项目，随着设定基准收益率的提高，临界点就会变低（即临界点表示的不确定因素的极限变化变小）；而在一定的基准收益率下，临界点越低，说明该因素对项目评价指标影响越大，项目对该因素就越敏感。

临界点计算一般使用试差法。由于项目评价指标的变化与敏感因素变化之间不是直线关系，当通过敏感性分析图求得临界点的近似值时，有时有一定误差。

8.5　风险识别

农业建设项目以农业生产为主要内容，而农业生产集自然再生产和经济再生产于一体。农业生产具有明显的季节性，只能在规定的季节播种、耕耘、收获，延误一个环节都可能影响项目的全部成果。农业项目实施周期长，很多投入会受到季节和气候等方面的影响。在评估过程中使用的预测数据所包含的不确定性更大，各种结果的预见性较差。因而风险分析在农业项目经济评价中尤为重要。

风险因素识别可以从原因查结果．也可以从结果反过来找原因。主要方法有德尔菲法、分解法和逻辑框架法等。由于这几种方法提供了不同的思维方式，因而往往综合起来一起运用。

农业建设项目风险除了其他行业的带有普遍性风险种类外，还具有自身独有的风险。

1．自然资源利用风险。农业生产的自然特性在与资源的量和质上是密不可分的（尤其是水和土地），这也决定了农业投资的效果。在数量方面，水在农业投资项目中是不可替代的资源，一旦出现短缺或不符合要求，就会从根本上影响项目的建设和运行。因而水资源的供应是农业项目的重要风险因素。农业土地资源是农业生产的最基本的生产要素。土地资源的稀缺性、肥力的可变性和用途的选择性都隐含着投资风险。资源风险还表现在水资源和土壤的质量上，环境污染对水和土壤质量的影响很难估计。

2．自然灾害风险。我国是自然灾害发生较为频繁的国家，每年多有洪涝、干旱、冰雹、寒冻、赤潮和病虫害等发生。由于农业的生产特性，自然因素对农业的影响相比其他行业更为敏感和严重。除了动植物自身的生长和繁殖规律外，洪涝、干旱、台风、冰雹、超常的高温和低温、超常的降雨量等，都会影响农业的产出，增加农业企业的投资风险，造成农业企业投资项目效益不稳定。养殖业中，疫病风险越来越大，有时甚至是毁灭性的。

3. 市场风险。识别市场风险成为农业企业投资的重要内容之一。农业项目的市场风险具体表现在：①季节性滞销。农业生产季节性强，具有明显的供给淡季和旺季，农业产品又大多为鲜活产品。如已成熟的水果、蔬菜若不能及时销售，就会降低产品质量，甚至腐烂或增加贮存成本，将造成很大的经济损失。该出栏的生猪不能及时销售，就得继续饲养，而此时的饲料报酬率是呈下降趋势的，也会造成成本增加、效益减少。②生产资料质量。农业项目需要的生产资料主要为种子、种苗、化肥、农药、农膜等。由于农业生产的特点，生产资料质量是农业投资项目重要的风险因素。③农产品市场供求。由于农产品的生产受自然环境的影响较大，因此其供给具有周期性和有限性的特点。产品需求量是消费习惯、收入和需求弹性等综合作用的结果，然而这些因素本身很难确定。④竞争力变化。农业生产单位是千家万户，他们往往市场信息不畅通，对未来的供求变化缺乏科学的预期。

4. 技术风险。农业生产技术在农业自然再生产过程中的应用是有条件的，生产对象（植物和动物）的状态会因其他相关条件的影响而发生变化，从而决定了农业生产技术具有不稳定性、区域适应性和受操作者的水平影响等特点。农业生产新技术的应用也受到很多因素的综合作用，例如技术的自然条件适用性、推广应用可靠性等，任何一个因素的不适应都会影响新技术效益的发挥，相同的技术在不同的区域会有不同的应用效果。技术风险的发生会导致产量的下降、品质的降低或者成本的升高。

5. 经营管理风险。农业项目涉及的利益面较广，不仅包含公司，也包括众多的基层单位（或农户）。而且总项目内的各分项目内容也常常存在差异，这就大大增加了项目的复杂性，使项目管理和监督面临困难，导致经营管理风险，如建设期延长、投资成本和生产成本增加，产品质量和数量降低。

6. 外部风险。对社会化服务体系的依赖性强，农业生产过程往往对诸如水利、农业设施、农业技术、信用和资金服务等有关社会服务体系的依赖尤为普遍和深入。因此，在选择投资的方向、品种和地点时，该品种和该地区的社会化服务体系的完善程度也是一个很重要的效益和风险评估指标。

8.6 风险估计

风险估计是在风险识别后通过定量分析的方法测度风险发生的可能性及对项目的影响程度。

风险发生的可能性通过风险事件概率分布表达。在确定概率分布时，要充分利用已获得的各种信息，在获得的信息不够充分的条件下要根据主观判断和近似的方法确定概率分布。例如种植业项目中旱灾是重要的风险因素，要通过近 10～20 年轻度、中度、重度旱灾发生的资料进行统计分析，再结合项目建设方案预测各种程度旱灾发生的概率分布。

风险发生对项目的影响程度可以采用敏感性分析的结果，统计分析风险发生后经济指标的数值变化。例如计算轻度、中度、重度旱灾发生情况下，项目产量的相应变化以及内部收益率或者净现值的相应变化。

8.7 风险评价

风险评价是对各种风险因素发生的概率和可能导致的损失大小的评价，确定项目的整体风险水平，找到项目的关键风险，为如何处置这些风险提供科学依据。风险评价的判别标准可采用两种类型：

1. 以经济指标的累计概率、标准差为判别标准。通过概率树法计算各种风险因素发生时，项目可行或不可行的发生概率。

（1）财务（经济）内部收益率大于等于基准收益率的累计概率值越大，风险越小；标准差越小，风险越小。

（2）财务（经济）净现值大于等于零的累计概率值越大，风险越小；标准差越小，风险越小。

2. 以综合风险等级为判别标准。风险等级的划分既要考虑风险因素出现的可能性又要考虑对风险出现后对项目的影响程度，有多种表述方法，一般应选择矩阵列表法划分风险等级。矩阵列表法简单直观，将风险因素出现的可能性及对项目的影响程度构造一个矩阵，表中每一单元对应一种风险的可能性及其影响程度。为适应现实生活中人们以单一指标描述事物的习惯，将风险的可能性与影响程度综合起来，用某种级别表示（表1）。该表是以风险应对的方式来表示风险的综合等级。所示风险等级亦可采用数学推导和专家判断相结合确定的。

表1　综合风险等级分类表

综合风险等级		风险影响的程度			
		严重	较大	适度	低
风险的可能性	高	K	M	R	R
	较高	M	M	R	R
	适度	T	T	R	I
	低	T	T	R	I

综合风险等级分为K、M、T、R、I五个等级：

K（Kill）表示项目风险很高，出现这类风险就要放弃项目；

M（Modify plan）表示项目风险高，需要修正拟议中的方案，通过改变设计或采取补偿措施等；

T（Trigger）表示风险较高，设定某些指标的临界值，指标一旦达到临界值，就要变更设计或对负面影响采取补偿措施；

R（Review and reconsider）表示风险适度（较小），适当采取措施后不影响项目；

I（Ignore）表示风险低，可忽略。

落在该表左上角的风险会产生严重后果；落在这个表左下角的风险，发生的可能性相对低，必须注意临界指标的变化，提前防范与管理；落在该表右上角的风险影响虽然相对适度，但是发生的可能性相对高，也会对项目产生影响，应注意防范；落在该表右下角的风险，损失不大，发生的概率小，可以忽略不计。

以上推荐的风险等级的划分标准并不是唯一的，其他可供选择的划分标准有很多，如常用的风险等级划分为1～9级。

8.8 风险应对

在经济风险分析中找出的关键风险因素对项目的成败具有重大影响，需要采取相应的应对措施，尽可能降低风险的不利影响，实现预期投资效益。

1. 选择风险应对措施的原则。

（1）贯穿于项目可行性研究的全过程。可行性研究是一项复杂的系统工程，而经济风险来源于资金、技术、市场、工程等各个方面，因此，应从规划设计上就采取规避防范风险的措施，才能防患于未然。

（2）针对性。风险应对研究应有很强的针对性，针对特定项目主要的或关键的风险因素提出必要的措施，将其影响降低到最小程度。

（3）可行性。可行性研究阶段所进行的风险应对研究应立足于现实客观的基础之上，提出的风险应对措施应在财务、技术等方面是切实可行的。

（4）经济性。规避防范风险是要付出代价的，如果提出的风险应对措施所花费的费用远大于可能造成的风险损失，该对策将毫无意义。在风险防范研究中应将规避防范风险措施所付出的代价与该风险可能造成的损失进行权衡，旨在寻求以最少的费用获取最大的风险效益。

2. 决策阶段的风险应对。

（1）提出多个备选方案，通过多方案的技术、经济比较，选择最优方案。

（2）对有关重大工程技术难题潜在风险因素提出必要的研究与试验课题，准确地把握有关问题，消除模糊认识。

（3）对影响投资、质量、工期和效益等有关数据，如价格、汇率和利率等风险因素，在编制投资估算、制定建设计划和分析经济效益时，应留有充分的余地，谨慎决策，并在项目执行过程中实施有效监控。

3. 建设期或运营期的风险应对建议采取回避、转移、分担和自担措施。

（1）风险回避是彻底规避风险的一种做法，即断绝风险的来源。风险回避一般适用于以下两种情况：某种风险可能造成相当大的损失；或者风险防范代价昂贵，得不偿失。

（2）风险分担是针对风险较大，投资人无法独立承担，或是为了控制项目的风险源，而采取与其他企业合资或合作等方式，共同承担风险、共享效益的方法。

（3）风险转移是将项目业主可能面临的风险转移给他人承担，以避免风险损失的一种方法。转移风险有两种方式，一是将风险源转移出去，如将已做完前期工作的项目转给他人投资，或将其中风险大的部分转给他人承包建设或经营；二是只把部分或全部风险损失转移出去，包括保险转移方式和非保险转移方式两种。

（4）风险自担就是将风险损失留给项目业主自己独立承担项目的风险。投资者已知有风险但由于可能获利而需要冒险时，同时又不愿意将获利的机会分给别人，必须保留和承担这种风险。在自担风险的情况下，业主应主动采取相应的工程、技术或经济措施加以预防。如针对旱涝灾害采取必要的水利工程措施；针对畜禽疫病采取定期消毒和疫苗注射措施等。

上述风险应对不是互斥的，实践中常常组合使用。可行性研究中应结合项目的实际情况，研究并选用相应的风险对策。

9　方案经济比选

9.1　方案经济比选的基本要求

进行经济比选的备选方案应满足下列条件：

1. 备选方案的整体功能应达到目标要求。也即备选项目在生产规模、产品结构、生产工艺、主要设备选择与项目区选择方面在技术上都是可行的，可以达到除经济效益外的其他目标。

2. 备选方案的功能或经济效益应达到可以被接受的水平，即每个方案的经济评价指标满足经济合理性要求。

3. 备选方案之间为互斥方案和可转化为互斥型方案。多个备选方案一般可分为两种类型：一类是相互独立的备选方案，一类是相互排斥的备选方案。独立方案是否被接受，只取决于方案自身的经济性，即只需检验它们是否能够通过净现值、内部收益率等指标的评价标准。因此，多个独立方案与单一方案的评价方法是相同的，在进行方案选择时，对独立方案不必进行比较，根据方案的经济效益指标即可取舍。互斥方案是指如果诸方案之间存在着互不相容、互相排斥关系，在多个方案中只能选择一个方案的备选方案。

9.2　方案经济比选定量分析方法的选择

1. 方案比选可分为局部比选和整体比选。整体比选是按各备选方案所含的全部因素（相同因素和不同因素）测算的经济指标进行经济效果对比；局部比选仅按所备选方案的不同因素或部分重要因素等局部因素测算的经济指标进行经济效果对比。

2. 对于比较效益易于估算的方案，其方案比较可直接采用净现值法、净现值率法、年值法、差额投资内部收益率法。用上述四种方法进行方案比较时，需注意其使用条件。在不受资金约束的情况下，一般可采用差额内部收益率、净现值法或年值法；当有明显的资金限制时，一般采用净现值率法。

对于比较效益相同或效益基本相同但难以具体估算的方案，可以采用最小费用法，包括费用现值法和年费用法。

3. 各备选方案的计算期相同时，可直接选用以上方法进行比较。计算期不同的方案进行比较时，宜采用净现值法或年费用法。如果采用净现值法、净现值率法、差额投资内部收益率法、费用现值法，则需先对各备选方案的计算期和计算公式作适当处理（以各方案计算期的最小公倍数或各方案中最短的计算期作为比较方案的计算期）后再进行比较。

10　农业改扩建项目经济评价特点

10.1　改扩建项目的范畴和特点

改扩建项目系指投资主体在利用原有资产与资源基础上，投资形成新的生产（服务）设施，扩大或完善原有生产（服务）系统的活动。目的在于增加产品供给，提高产品质量，调整产品结构，降低资源消耗，节省运行费用，改善劳动条件，改善生态环境等。改建、扩建、迁建、停产复建等项目都可以归入改扩建项目的范畴。

10.2　分析改扩建项目要使用的五种数据

1．“有项目”，指既有企业进行投资活动后，在项目的经济寿命期内，在项目范围内可能发生的效益与费用流量。“有项目”的流量是时间序列的数据。

2．“无项目”，指既有企业利用拟建项目范围内的部分或全部原有生产设施（资产），在项目计算期内可能发生的效益与费用流量。“无项目”的流量是时间序列的数据。

3．“增量”，是“有项目”的流量减“无项目”的流量，是时间序列的数据。“有项目”的投资减“无项目”的投资是增量投资；“有项目”的效益减“无项目”的效益是增量效益；“有项目”的费用减“无项目”的费用是增量费用。

4．“现状”数据是项目实施前的资产与资源、效益与费用的数据，也称基本值，是一个时点数。“现状”数据对于比较“项目前”与“项目后”的效果有重要作用。现状数据也是预测“有项目”和“无项目”的基础。现状数据一般用实施前一年的数据，当该年数据不具有代表性时，可选用有代表性年份的数据或近几年数据的平均值。其中，特别是对生产能力的估计，应慎重取值。

5．“新增”数据是项目实施过程各时点“有项目”的流量与“现状”数据之差，也是时间序列的数据。新增建设投资包括原有资产的改良支出、拆除、运输和重新安装费用。新增投资是改扩建项目筹措资金的依据。

10.3　项目范围的界定

农业改扩建项目范围的界定遵循合理、简便的原则。应尽可能缩小项目的范围，最好仅仅包括与项目直接关联的财务费用与效益。

当项目利用的原有资产和资源与其他未利用的原有资产和资源难以有效分解时，可以采用“整体改扩建”项目评价方法。“整体改扩建”项目不仅要识别和估算与项目直接有关的费用和效益，而且要识别和估算既有企业其余部分的费用和效益。例如种植业中的土壤改良项目、水利工程项目等等。

当项目利用的原有资产和资源与其他未利用的原有资产和资源可以有效分解时，可以采用“局部改扩建”项目评价方法。“局部改扩建”项目仅仅识别和估算与项目直接有关的费用和效益，不用识别和估算既有企业其余部分的费用和效益。例如农产品加工厂局部厂房的改建项目、养殖场局部设施改建扩建项目等等。

10.4　农业改扩建项目的财务分析

1. 盈利能力分析。改扩建项目财务遵循“有无对比”的原则，利用“有项目”与“无项目”的效益与费用计算增量效益与费用，据此分析项目的增量盈利能力。

2. 偿债能力。由于项目与既有企业既有联系又有区别，一般进行以下两个层次的分析：

（1）项目层次的偿债能力分析，编制借款还本付息计划表并分析拟建项目“有项目”时的效益偿还新增债务的能力，计算利息备付率和偿债备付率，考察还款资金来源（折旧、摊销、利润）是否能按期足额偿还借款利息和本金，若还款资金来源足以还款或尚有节余，表明项目自身的还款能力强；若项目自身的还款资金来源不足，应由既有企业动用自有资金补足，或采用其他方式还款。

（2）企业层次的借款偿还能力。以既有企业基年资产负债表分析和损益表为依据，分析企业财务状况，尤其是企业的债务情况，如原有贷款、其他拟建项目贷款和项目新增贷款；然后综合考虑项目建设后新增的债务情况，以及总体偿债能力。当项目还款资金来源足以还款或尚有节余时可以不进行企业层次的借款偿还能力分析。

3. 生存能力。改扩建项目只进行“有项目”状态的生存能力分析，分析的内容同一般新建项目。

10.5　改扩建项目的经济费用效益分析

改扩建项目的经济费用效益分析要遵循“有无对比”原则，计算增量效益和增量费用。凡改扩建项目为国民经济所作的增量贡献，均计为项目的增量效益，凡项目给国民经济带来的增量损失，均计为增量费用。项目的增量效益和增量费用包括增量直接效益和增量直接费用，以及增量间接效益和增量间接费用。

1. 项目的增量直接效益由项目直接产生，由其产出物提供，并用影子价格计算的产出物的经济价值；项目的增量直接费主要指国家为满足项目投入的需要而增加付出的代价，这些投入物用影子价格计算的产出物的经济价值即为项目的增量直接费用。

2. 增量间接效益和增量间接费用主要考虑环境影响，上、下游企业的相邻效果，就业效果等等。

10.6　改扩建项目经济评价的简化处理

满足下列条件的改扩建项目经济评价，可以按新建项目评价进行简化处理。

1. 项目与既有企业的生产经营活动相对独立。在这种情况下，项目的边界比较清楚，可以进行独立经济核算，项目的费用与效益比较好识别，现金流入与流出比较好测度，符合新建项目评价的基本条件，可简化处理。

2. 利用既有企业的固定资产量与新增量相比较小。被使用的既有企业的固 定资产量小，意味着“有项目”情况下现金流入与流出基本不受既有企业的影响，新增投资是项目建设期内主要的现金流出，项目其他现金流入和流出也是总现金流的主要组成部分，所以可以简化处理，使用新建项目的评价过程。

3．效益和费用的增量流量较容易确定。“有无对比”是项目评价的根本原则，对比的结果是求出增量现金流量，增量现金流量可直接用于项目（含新建项目）的盈利能力分析。新建项目实际是改扩建项目的特例 ——“无项目”的净现金流量为零，也不利用既有企业的任何资产，增量现金流量可以视作“无项目”的流量为零时“有项目”的现金流量。

4．对于可以进行简化处理的项目，一定要阐明简化处理的理由，不能直接用新建项目的做法进行估算和分析。

进行改扩建项目经济评价，应注意以下问题：

1．计算期的可比性。根据“费用与效益口径一致”的原则，改扩建项目经济评价的计算期一般取“有项目”情况下的计算期。如果“无项目”的计算期短于“有项目”的计算期，可以通过追加投资（局部更新或全部更新）来维持“无项目”的计算期，延长其寿命期至“有项目”的结束期，并于计算期末回收资产余值；若在经济或技术上延长寿命不可行，则适时终止“无项目”的计算期，其后各期现金流量计为零。

2．停产减产损失。农业改扩建项目的改建活动一般在农闲季节开展，但有时仍会与生产活动冲突，造成部分生产停止或减产。这一部分停产减产损失的直接结果是减少“无项目”产品的营业收入，同时也会减少相应的生产费用。这些流量的变化均应在销售收入表和生产成本表中有所体现，最终反映在现金流量表中，因此不必单独估算。

3．原有资产利用的问题。无项目时的原有资产可分为如下情况：

（1）无项目时已经利用且用途与有项目一致。如果有项目时继续利用此类资产，则按其净值计入无项目投资，其产生的效益计入无项目效益和有项目效益。

（2）无项目时已经利用且用途与有项目一致，但有项目后用作他途。此类资产按其净值计入无项目投资，无项目时产生的效益计入无项目效益，用作他途的效益为有项目效益。

（3）无项目时已经利用且用途与有项目一致，有项目后闲置或作废。按其净值计入无项目投资，其产生的效益计入无项目效益，不产生有项目效益。

（4）无项目时已经利用但用途与项目无关，有项目后用作项目使用。按机会成本计入无项目时的收入，按照有无对比识别效益和费用的原则，应该将其作为无项目时的现金流入。

（5）无项目时未利用，有项目后用作项目使用。如未建设完工的水利设施、闲置的厂房、实验室等。此类资产按沉没成本处理，不计入无项目投资和无项目效益，有项目后产生的效益计入有项目效益。

（6）其他情况与项目分析无关。

原有资产处理见表2。

表2　原有资产处理情况表

利用情况			与经济评价关系	计入投资情况	无项目收入	有项目收入
无项目	有项目					
已利用（与项目有关）	再利用	—	有关	计入无项目投资	有效益	有项目效益
	不再利用	与项目无关用途	有关	计入无项目投资	有效益	有项目效益
		闲置	有关	计入无项目投资	有效益	—
已利用（与项目无关）	为项目利用	—	有关		机会成本	—
	项目不利用	—	无关	—	—	—
未利用	重新利用	项目用	有关	沉没费用	无效益	有项目效益
		非项目用	无关	—	—	—
	不再利用	闲置	无关		—	—

11　典型农业项目经济评价特点

11.1　综合性开发项目经济评价的特点

1. 综合性开发项目特点。综合性开发项目是指在一定的地域内，由一个以上有机联系的一系列相对独立的分项目而组成的农业建设项目。既可以是为一个地区农业建设为重点的、全面开发的项目，也可以是为开发利用某一农业资源而建设种养加“一条龙”的综合项目等。

我国的综合性开发项目的内在经济关系和管理具有如下特点：

（1）建设内容综合：一般按照产业化的思路，针对性地采取工程、生物和技术措施相结合的综合建设措施，进行包含种、养、加设施以及废弃物、污染物处理在内的综合性建设。

（2）资金来源的综合：即实行财政资金、银行贷款、企业资金、农户资金综合投入。

（3）参与主体多元化：综合性开发项目建设内容的综合性决定了项目参与者的多元性。种植、养殖等适宜农户的生产往往由农户承担，农户成为基本参与主体；生产资料供应、奶站、净菜加工厂等产前、产中、产后的服务往往由企业单位或协会承担。而项目区的政府部门常常参与协调、组织和管理，有时还要建设完善公共服务平台，如技术推广、信息咨询等等。上述不同的参与主体在项目中相互依存，又必须获得财务上的生存能力。

2. 项目的分项。项目的分项就是根据项目的建设内容、经营形式或组成项目的不同参与主体将一个大的综合性开发项目分解成相对独立的分项目或子项目，这些分项目或子项目可称为项目的分项。对综合性开发项目，只要是独立经营的分项，都要分别进行评价。因为各个独立经营的分项建成后运行，都需要获得财务上生存能力，否则，凡是在财务上无生存能力的分项，将无法生产运行。

一般大型农业综合开发项目包括如下分项：

（1）农户分项。农户分项是由许多独立生产经营的农户个体组成农户群体。由于农户众多，不可能对参加项目的每个农户逐个进行财务分析，也不能只对农户群体作一次评价，因为农户群体中的各个体间的经济差别性很大，只评价群体难以反映有差别的效益。所以，必须选取能代表上、中、下几种情况（不一定是上中下，也有可能是根据农户经济活动的类型抽取。）的模式农户进行评价。一般模式农户的确定需通过对一定范围内的农户进行调查，而后选取其中能代表上、中、下三种情况的模式农户。模式农户评价是以不同类型的单个农户为研究单位所作的评价，目的是分析项目对不同类型农户的财务可行性，以判断项目对农户的吸引力。

当农户有资金投入时，农户财务分析可以采用现金流量分析指标。当农户没有资金投入时，可采用亩增收入、家庭年增收入、劳均年纯增量收入等简化指标。

当农户有贷款资金时，要考察农户的偿还能力。由于农户产出中部分产品用于家庭消费。因而农户的还款资金只能是参与有项目的现金收入扣除农户生活现金支出的部分，不包括用作家庭消费的实物收入。

（2）企业分项。项目有企业参与时，要对各企业进行单独的财务分析，但为简化财务分析方法，在不影响项目评价整体结果的前提下，可将相同性质的企业合并而后进行评价。评价的方法与一般企业项目相同。

（3）公共分项。有些综合性开发项目要使用较多的财政资金，建设农业支持服务体系、科技入户等设施。同时，由于项目的运行，项目也将增加当地的税收。此时可以将政府作为负责公共服务的参与方（公共分项），分析项目对其的影响。公共分项评价方法可以采用净现值法，也可进行收支平衡分析。政府给予项目补贴、无偿投资等是政府的现金流出，政府将获得项目税金现金流入。

11.2 种植业项目的经济评价特点

1. 种植业建设项目是指以改善种植业生产条件或环境设施为主要内容的农业建设项目。按照建设内容分，主要包括土地开垦项目、植物保护工程、土壤改良工程、农田防护林工程、农田基本建设工程、温室工程等。种植业建设项目的显著特点是以土壤为重要的生产资料，除开荒外，其他情况下原有土地都得到了不同程度的利用，因而除土地开垦项目为新建项目，其他项目都属于改扩建项目，要应用改扩建项目的评价方法。

2. 按照目前的会计准则，要区分三种生物资产，即公益性生物资产、消耗性生物资产和生产性生物资产。公益性生物资产，是指以防护、环境保护为主要目的的生物资产，包括防风固沙林、水土保持林和水源涵养林等；消耗性生物资产，是指为出售而持有的或在将来收获为农产品的生物资产包括生长中的大田作物、蔬菜、用材林等；生产性生物资产是指为产出农产品等目的而持有的生物资产，包括经济林等。公益性生物资产和生产性生物资产计入建设投资，消耗型生物资产计入生产成本（如按照前述生物资产的调整思路，此处也应做进一步修改）。

3. 种植业项目具有生产、生态等功能，具有目标多元性和外部效果显著等特征。要注重项目的节水、改良土壤、水土保持等生态效益，以及增加就业、美化环境等社会效益。

4. 项目的财务效益来源于农业增产效益、防洪除涝所避免的损失、产品质量改善所增加的效益、改变产品销售时间或地点所带来的效益、降低成本增加的效益及其他有形效益。在财务分析中，有关产品产量和价格变动引起的收入变动反映在增量收入中；有关种子、肥料、农药、人工等投入物数量和价格的变动反映在增量成本中。

5. 区域性或者大中型种植业项目涉及多种参与主体时，财务分析应采用分层分析法，以考察项目各主体的财务盈利能力和项目对农民的吸引力。

6. 农田防护林建设、原生境保护、品种区试站、技术推广站建设等非经营性种植业建设项目以社会效益和生态效益为主，财务分析可以只进行财务生存能力分析，主要考察项目的财务可持续能力。当此类项目能够较大幅度提高项目区农户的效益时，应重点分析项目受益农户的增量效益。

7. 经济费用效益分析只进行到项目级。各项费用的调整按农业建设项目经济费用效益分析方法的有关规定进行。对外部效果比重较大，且不易量化和货币化种植业建设项目，可进行费用效果分析和影响效果分析。

8. 种植业建设项目的突出风险是干旱、水涝、台风等自然灾害和病虫害。应把自然灾害和病虫害作为种植业项目的主要风险因素。干旱、水涝、台风等自然灾害和病虫害的发生有基本的规律，可以根据历年的统计资料和专家的有关预测综合分析干旱、水涝、病虫害发生的概率。

9. 种植业建设项目的流动资金估算要考虑生产的季节性和作物的轮作方式，采用扩大指标法进行估算。

11.3 畜牧业项目的经济评价特点

1. 畜牧业项目的特点。总体上说，畜牧业项目有如下特点：

（1）畜牧生产是动物生产，它有自己本身的繁殖、生长等生命规律，畜群的规模和质量是它本身因素和人为因素综合作用的结果。某一年畜群规模和结构的变动会对以后年份的规模和结构产生影响，这一点不像工业类项目，每年的生产过程几乎相同。

（2）牲畜作为生物资产，可以分为消耗性生物资产和生产性生物资产两类。存栏待售的育肥猪、肉禽、肉牛肉羊等牲畜属于消耗性生物资产。为生产农产品等目的而持有的奶牛、蛋鸡、种牛羊猪等产畜等属于生产性生物资产。这两种生物资产在一定情况下可以相互转化。如牛、羊等生物资产在人类以取得肉、皮等产品为目的时，这些牛羊只能利用一次，价值一次性地转移，即具有流动性资产的性质，为消耗性生物资产；当人类以取得毛、乳等产品为目的时，这些牛羊可以反复利用，价值逐步转移，即具有长期性资产的性质，为生产性生物资产。

（3）一般畜牧业项目往往生产多种产品。例如：养羊项目，在提供主产品羊毛的同时，也生产羊肉、羊脂等；奶牛项目在提供牛奶的同时还提供犊牛。

（4）畜产品市场价格不稳定，有季节性波动。

2. 畜牧业项目财务估算。

（1）畜群预测：畜牧业项目财务估算必须以畜群预测为基础。畜群的结构和规模不仅决定着投资、成本，而且还决定着产出的多少。畜群预测的精确与否直接影响项目评价的精确性。项目分析人员往往依靠牲畜饲养专家来作这些预测，由于牲畜饲养专家也许不熟悉如何进行这些计算的细节，因而最好是项目分析人员与牲畜专家一同完成。一般地，畜群预测要根据畜群品种、技术确定合理的畜群结构，再根据项目建设进度预测每年的畜群规模和结构。

（2）投资估算：畜牧业项目的投资一般包括土地、土建、设备、生产性生物资产和草地改良等。生产性生物资产计入建设投资。草场改良项目投资包括机耕费、种子肥料费、种子费、围栏费以及在草场建设施工时运输种子、肥料、建筑材料的运输费等。

（3）折旧：建设工程和仪器设备的折旧方法如同一般项目，生产性生物资产按照直线法计算折旧时，生产性生物资产的原值为到成熟为止的购买价和饲养成本总额，生产性生物资产的预计净残值要根据生产性生物资产的性质和使用情况，合理确定预计净残值，一经确定，不得变更。畜类生产性生物资产最低年限为 3 年。

（4）经营成本：消耗性生物资产计入经营成本。

（5）畜产品产量：改扩建畜牧业项目的产量为有项目与无项目产量之差。畜牧业项目往往在“无项目”状况下也有可能进行调整畜群，产量较难识别，要求分析人员从最优角度考虑无项目效益。

（6）草场项目产出：在测算草场改良项目产出时要注意两点：一是改良草场的产量到一定年限后产出较为稳定。但人工草场的产量却随时间而变，草籽播种后一般只有5～7年的寿命期，在第三、四年产量达到最高，然后急剧减产。评估人员要注意这个特性。二是草场项目的直接产品是饲草，由于在实际生产中，饲草不作为商品销售，而仅作为中间产品成为牲畜生产的投入，因而在评估时，要把牧草生产和牲畜生产结合起来，计算由于新增牧草而增加的畜产品产量，新增畜产品的收入就是项目收入。

（7）畜产品价格：畜产品价格不太稳定，随季节而变化。理论上，项目年收入必须是不同季节的产量和相应的价格之积的和。但这样预测每年的收入非常麻烦。评估时，可以用近几年每年的加权平均价格作为每年价格，再预测项目寿命期内每年的价格。

3. 盈亏平衡分析。奶牛场、种猪场等项目一旦建成实施，必将利用所有资源投入，对此类项目进行盈亏平衡分析时，一般利用产量或产品价格表达的盈亏平衡点，而不用生产能力利用率表达。

11.4 渔业建设项目经济评价的特点

1. 渔业是我国大农业中相对独立、自成体系的一大行业。我国是渔业生产大国，总产量居世界第一。渔业生产主要包括水产养殖、捕捞、加工三大部分。渔业建设项目是以改善渔业生产环境条件，促进渔业发展，增加水产品供给，提高水产品质量安全为目标的行业建设项目，主要包括水产养殖、海洋捕捞（淡水捕捞以小规模经营为主）、水产品加工以及与此相关的渔政、渔港等基础设施类项目，水产原良种场、种苗繁育基地等良种类项目，科研设施及技术推广类项目，水生生物保护区、增殖放流基地、人工鱼礁等资源保护类项目，渔船建造项目等。

2. 渔业建设项目中有经营性项目，也有非经营性项目，还有介于两者之间的中间类型项目。一般来说，苗种繁育项目、水产养殖项目、水产品加工项目、海洋捕捞尤其是远洋渔业项目，都属于经营性建设项目；渔业科学研究设施、渔病防治、渔政码头、渔政执法船、渔业通信、水生生物保护区、水产增殖放流基地、人工鱼礁建设等项目属于外部性较大的公益性建设项目；水产原良种场等建设项目，属于介于经营性与非经营性项目之间的过渡类型。中心渔港、一级渔港或其他小型渔港建设项目，如果是单纯的渔业码头、防波堤、港池清淤、港区管理用房等建设内容，属于非经营性项目；如果同时含有陆域回填造地、渔船加油、加水加冰、冷库等建设内容，则属于中间类型项目。不同类型的项目，应采用不同的经济评价方法。

3. 渔业建设项目投资估算与其他农业项目基本相同。所不同的，一是池塘的新建与改造，以及通过渠道引水、排水的土建工程属于田间工程；二是项目建设中一次性购进的亲鱼、亲虾、亲蟹等费用，可按生产性生物资产计入总投资。但进入项目运行后购入的繁殖用亲鱼、亲虾、亲蟹等，则属于生产费用。

4. 渔业生产离不开水，尤其水产养殖需要在天然水域或人工水域中进行，需要消耗一定的水资源，同时水产养殖也会对水环境、水资源带来一定的污染。对于在我国北方水资源稀少地区，利用打井抽取地下水或利用饮用水源水库开展水产养殖的建设项目，除进行必要的财务经济分析之外，还应从国民经济的整体角度出发，充分考虑水资源的稀缺性特点，分析水资源利用的环境代价和机会成本，并与水资源利用的直接经济成本相对比，综合分析项目的经济可行性。

5．渔业生产受市场价格影响较大，与建设投资等因素也有一定的关系。因此对渔业建设项目应按照一般的农业项目开展不确定性分析，包括盈亏平衡分析和敏感性分析，还要对水环境污染、台风、疫病等自然风险因素，以及相关的防范措施的经济合理性进行全面分析，综合判断项目的可行性。

6．渔港、渔政码头等公益性建设项目受地形、地质、波浪、泥沙等因素影响较大，技术比较复杂，应进行方案经济比选。一是对不同防灾标准（50 年一遇、100 年一遇）下的建设投资进行经济比选；二是在相同防灾标准下，比较不同的工程技术方案投资总量的多少，以投资较少的方案为佳。

7．对于稻田养鱼、养虾、养蟹以及藕鱼共生养殖、鱼鸭混养等共生项目，在开展经济评价时应从种植、养殖不同的环节，分别计算其成本和效益，分析其经济可行性，同时与单纯种稻、养鱼、养鸭进行经济对比，分析这类项目的经济效益和生态环境效益。

主要组织和编写人员名单

住房和城乡建设部标准定额研究所	胡传海　刘春林　刘　咏　朱　洪 林　艳　秦咸悦　史富文
农业部工程建设服务中心	李书民　田　惠　张晓亚　张元生
中国农业科学院	吴敬学　毛士平
中国农业大学	林万龙
农业部规划设计研究院	洪仁彪

杨秋林、王彤、李明哲、常瑞甫、靳乐山、周惠珍、杨建梅等同志参加了审查工作。姜滇生、李晓钢、周允将、李炳亮、赖红兵、谭瑶瑶、王宏玉等同志参加了部分工作。